ソフ〔テニ〕ス ダブルス

必勝の戦術

試合で差がつく戦い方とテクニック

日本体育大学名誉教授　前ソフトテニス部監督　**西田豊明**　監修
日本体育大学ソフトテニス部監督　**篠原秀典**

JN074616

メイツ出版

戦術をうまく使えば
強い相手にも勝てる！

はじめに

　ソフトテニスの戦術は、「技術あっての戦術」です。したがって戦術を成功させるためには、日頃から技術練習を怠らないようにしなければなりません。その一方で、技術が多少劣っていたとしても、戦術をうまく使えば強い相手にも勝てることもあります。それが戦術を考えるスタートになるでしょう。

　たとえば、速いボールが打てるとか、すごいボレーができるという高い技術を持っている人は、試合である程度までは勝つことができると思います。しかし、技術頼りのプレーではやがて限界がきます。安定して勝ち続けるためには、戦術を考え、それを駆使していく必要があるのです。

　ソフトテニスのダブルスは1人では成立しません。個々の戦術ももちろん大切ですが、普段の練習のときからパートナーと戦術の話し合いをし、情報をお互いに共有しておくようにしましょう。

篠原秀典

■本書の使い方

本書は、試合運びやここぞという場面でのテクニックを学びたいというプレイヤーに向けて、日本を代表するコーチが自身の経験から身につけた戦術や技術を紹介しています。ダブルスの戦術をベースにポジションごとの考え方やテクニック、実戦での戦い方を、項目ごとに見開き完結で解説しました。ぜひ本書を読んで、試合に勝つためのノウハウを身につけてください。

コツNo.
５３項目のテクニックや戦術を紹介しています

タイトル
このページで取り上げるテクニックや、具体的なやり方、テクニックを身につける上でもっとも大切なキーワードです

POINT
テクニックや戦術のポイントを各２～３つ紹介しています。とくに理解しておきたいポイントです

コツ**11** PART **1** 後衛の戦術
味方の前衛を生かす④
センターを効果的に突き
相手の打つコースを制限

POINT ❶
センターを使えると
攻撃パターンが多彩になる

相手の返球に対して早めに準備ができると、相手前衛はサイドを固めようという守備の意識が働く。そこで効果的なのが、相手コートのセンターマークを狙ったコースだ。センター攻撃は相手後衛を動かして打たせることができる。

32

本文
紹介しているテクニックや戦術の
概要を解説しています

チャレンジしよう!
紹介している項目で、おさらいをしつつ、
チャレンジしてほしいテーマです

センターのボールは角度をつけにくい

相手とのラリーはクロス（および逆クロス）かストレートの展開が基本だが、センターを有効に使うと、攻撃の幅が格段に広がる。センターから打つボールは角度をつけにくいという性質があるからだ。狙い目は、相手コートのセンターマーク。相手前衛の届かないところに配球しながらセンターを突くと、相手後衛を動かし、かつ打つコースを制限できる。

積極的に動くタイプの前衛に対しては、その前衛がもともといる場所を狙い、機動力を弱めるという方法もある。

POINT ②
センターからの打球は角度をつけにくい

自分がセンターから打つと想定すると、狙えるコースの少なさがよくわかる。相手前衛に中央付近に立たれると、相手後衛に返球することさえ簡単ではない。したがってセンターを突けば、味方前衛は少ない移動距離で勝負をかけられる。

POINT ③
相手前衛の逆を突き甘い返球を呼び込む

相手前衛がよく動くタイプの場合、その前衛がもともといる場所も積極的に狙っていきたい。前衛は逆を突かれる形になり、鋭いボレーにはなりにくい。また、たとえ相手後衛にカバーされても甘いボールが返ってくる可能性が高い。

必勝POINT

❶ センターを有効に使えると
相手の機動力を弱められる

❷ センターからは打てる
コースが少なくなる

❸ 相手前衛がもともといる
場所を狙うのも有効

チャレンジしよう!

□ センター攻撃の狙い目は
相手コートのセンターマーク

□ 肩を入れてしっかりと構えると
相手前衛はサイドを固める傾向にある

□ クロス、逆クロス、ストレートから
相手のセンターを突けるようにしたい

33

陣形の特徴
３つの布陣の特徴を知り実戦に生かす！

雁行陣
前後に配置する基本の布陣

　１人がネット近くに立ち（前衛）、もう１人がベースライン付近でプレーする（後衛）、もっとも基本的な陣形。後衛がストロークなどで相手とラリーをし、チャンスボールを前衛がボレーやスマッシュで決める。攻守のバランスを取りやすい。

ダブルフォワード

2人がネット近くに詰める攻撃的布陣

　2人がともにネット近くまで詰め、ボレーやスマッシュを決める攻撃的な布陣。ラリーがあまり長引かないうちにポイントを挙げるのが理想で、後方のスペースをどう守るかがカギになる。近年、この陣形を採用するペアが増えている。

ダブル後衛

2人が後方に配置する布陣

　2人がベースライン付近で、横に並んでストロークを中心にプレーする陣形。守備が堅くなるものの、攻撃の意識を強く持たないと自らポイントを挙げるのは難しくなる。相手は短いボールで前におびき寄せてくるので、その対処をしっかり行う必要がある。

CONTENTS

ソフトテニス　ダブルス　必勝の戦術　試合で差がつく戦い方とテクニック

PART 3　サービスとレシーブからの攻撃戦術 ·········63

PART 1

後衛の戦術

まずは自分のスタイルで戦い 最初から相手に合わせない

POINT ❶
相手を意識するのではなく 自分のスタイルで試合に入る

　自分がどういうショットを得意とし、どんなタイプの選手なのか。当然、きちんと把握できているだろう。そうした自分のスタイルを前面に押し出して、試合の序盤を進めていきたい。それが簡単にミスをしないための一つの方法である。

自分のスタイルを明確にして試合に入る

自分は相手後衛と打ち合っていくタイプなのか、思い切って前衛を攻めるタイプなのか。ロビングを多用し、展開を作っていきたいという人もいるだろう。まずは自分の武器やプレースタイルを明確にし、それを軸に試合に入っていくようにする。

相手がどういうタイプだからと、最初から自分の戦い方を放棄してしまったら、相手に合わせることになり、結局は後手を踏んでしまう。戦術の変更はうまくいかなかったときに考えることとし、はじめは自分のスタイルをぶつけていこう。

POINT ❷
相手に合わせる戦い方では
結果的に後手を踏む

自分のスタイルを崩し、相手に合わせた戦い方では、相手がペースをつかんだら一気に押し込まれてしまう。敗れたときは精神的ダメージも大きくなるだろう。そうならないために、どんな相手にも最初は自分のスタイルを貫くこと。

POINT ❸
戦い方を変えるのは
うまくいかなくなってから

明らかに実力が上回る相手だったり、相手の調子が良いときに自分のスタイルが通用しないと感じる場面が出てくる。そうなったら自分の戦術を変えてもいい。思い切った作戦で相手を撹乱し、悪い流れを断ち切るようにしたい。

必勝POINT

❶自分のプレースタイルを
  改めて事前に明確にする

❷最初から相手に合わせず
  自分のスタイルをぶつける

❸流れが悪くなったときに
  戦い方を変えていく

チャレンジしよう！

□得意なプレーと苦手なプレーを
  書き出して整理してみよう

□試合の序盤は自分のスタイルを貫き
  相手の戦い方に合わせない

□自分たちの戦術を変えるのは
  最終的な手段と考えておく

簡単にミスをしない②

相手前衛から逃げない意識で
常に強気の気持ちを持ち続ける

NITTAIDAI

POINT ❶
前衛から逃げてばかりでは
逆にミスが増えてしまう

　相手も得点するために策を練って臨んでいるため、1試合を通して相手前衛に1本も取られないということはまずない。序盤でポーチを決められたからと言って、すぐに相手前衛を避けることばかり考えてしまっては劣勢は続くばかりだ。

1本や2本取られたぐらいで気にしない

実力的によほど格下の相手でない限り、1試合を通して前衛に1本も取られないということはあり得ない。必要以上に前衛を警戒したり、逃げてしまうプレーばかりでは逆にミスが増えてしまう。そうした弱気な姿勢は相手前衛をさらに勢いづかせ、状況はますます悪化するだろう。

後衛にとって大切なのは、1本や2本取られたぐらいでは気にしないという強いメンタリティを持つこと。たとえ前衛につかまっても、もう一度同じコースを攻められる強い気持ちでプレーしたい。

POINT ②
1本や2本取られても同じコースを強気で攻める

たとえ前衛につかまっても、強い気持ちでもう一度同じコースを攻めていこう。弱気な姿勢を見せることは相手に主導権を握られることと同じ。心理的に苦しい状況でも表情に出さず、平然としていられれば、いずれ局面を打開できる。

POINT ③
相手が攻め込んできたらしのいで次の攻撃につなげる

弱気な面を相手に見せてはいけないが、しのがなければいけない場面ではしっかりしのぐ冷静さも必要だ。流れが相手に傾き、どのコースにも隙がないというときは、ロビングなどでしのぎ、次の自分たちの攻撃へとつないでいこう。

必勝POINT

❶相手前衛を必要以上に警戒したり意識しない

❷1、2本取られても気にしないメンタルを持つ

❸相手に押し込まれたら冷静にしのぐのもポイント

チャレンジしよう！

☐相手前衛に決められたらもう一度同じコースを攻めていく

☐心理的に苦しい状況にあっても平然とし、表情や仕草に出さない

☐ラリーで押し込まれたらロビングなどでうまくしのぐ

相手前衛の動きを止める①

ボールへの寄りの早さで
打つまでの時間的余裕を作る

POINT ①
打ったら定位置に戻り
素早く次のプレーを準備

　打ち終わった後、ボールを見てしまって動きを止めてはいけない。動かされて打った場合は、すぐに定位置に戻ること。雁行陣の後衛は、ベースライン上か、その少し後方が定位置となる。相手の特徴をよく見極めて、正しい位置取りを。

ボールへの寄りを早くして返球を待つ

相手前衛の動きを止めるためには、ボールへの寄りの早さが大事になる。これは戦術というより技術的な話だ。ボールの軌道を瞬時に読み取り、スイングするポイントに素早く移動して、ボールを待っている状態を作れるかどうかということである。

自分が打った直後、ボールの行方を見ながら動きが止まってしまってはいけない。すぐに定位置に戻って構え直し、次のプレーの準備をしておく。そうすることで打てるコースの選択肢が増え、相手前衛は的を絞りにくい。

POINT ❷
定位置についたら構え直し
時間的な余裕を作る

　ミスの7～8割は準備の遅れに原因があると言われる。定位置に戻ったら、できるだけ早く構えるのが大切だ。早い準備によって時間的余裕ができれば、プレーの選択肢が広がり、相手前衛も思い切った勝負には出られなくなる。

POINT ❸
一手先のプレーを予想し
リカバリーの態勢を整える

　レベルが上がれば、相手の返球に対応するだけでなく、一手先のプレーを予想して動くことも重要になる。コートの外に追い出されたら、オープンスペースへの強打や逆サイドへのロビングを想定し、リカバリーの態勢を整える。

必勝POINT

❶動かされて打ったときは
　素早く定位置に戻る

❷ボールへの寄りを早くし
　時間的余裕を作っておく

❸一手先を読むプレーで
　レベルをワンランクアップ

チャレンジしよう！

☐自分が打ったボールは入ると信じて
　次のプレーの準備を行う

☐すぐに打つポイントに動けるように
　リラックスして構える

☐相手の次のプレーを予測するには
　そのフォームやクセをよく見極める

後半戦に主導権を握るために あらかじめ布石を打つ

POINT **1**
アタックやサイド抜きで クロス展開をやりやすくする

たとえばクロスの打ち合いに持ち込みたいなら、布石を打って相手前衛をけん制する。サイドを抜いたり、相手前衛にぶつけて、「いつでも攻めに行けるぞ」という姿勢を示しておく。布石を打つのは試合の前半に行うのがセオリーだ。

試合の前半で布石を打って主導権を握る

単純な配球だけでは、相手に読まれ、ポイントを決められてしまう。あるコースを狙いたいときは、布石を打って、相手の意識をそちらに向けておく。布石とは、これから勝負するにあたっての土台作り。たとえば、試合の前半で前衛アタックやサイド抜きをして、相手前衛に「どこにでも打てる後衛だな」と思わせる。そうしてから、クロスに引っ張ったりセンターを攻撃したりして、試合を有利に運ぶ。

逆に、しつこい配球を繰り返すのも、相手の予測を惑わす効果がある。

POINT ②
しつこい配球を繰り返し相手前衛を混乱に陥れる

1本取られただけで、すぐに打つコースを変えてしまっては相手の思うツボ。同じ配球を何度か繰り返し、しつこさを印象づけると、相手は「そろそろ逆に打ってくるのでは？」と迷いが生じる。正攻法を続けるのも効果的なのだ。

POINT ③
布石での失点は気にしない試合は大局的に捉えて進める

布石を打ったプレーで失点しても気にしないこと。ソフトテニスは相手に点を取られたら負ける競技ではない。1点取られてもそのゲームを取ればいいし、2ゲーム落としても3ゲーム取ればいい。大きな気持ちで試合を進めていこう。

必勝POINT

❶ あるコースに布石を打って本来打ちたいコースを狙う

❷ しつこい配球の積み重ねで相手前衛に的を絞らせない

❸ 失ポイントや失ゲームは次の場面で生かすようにする

チャレンジしよう！

□ 試合の前半に前衛アタックやサイド抜きで布石を打つ

□ 同じ配球を何度か繰り返し相手前衛に〝逆〟を意識させる

□ カウントやゲームカウントを頭の中に入れて試合を進める

相手前衛の動きを止める③

打つテンポを変化させて
タイミングを取りづらくさせる

POINT ❶
通常より前のポジションで
早いタイミングで打ち返す

　テンポを速くするには、通常より前に
ポジションを取り、バウンドしたボール
が頂点に達する前に打つ。相手に時間的
余裕を与えないという意味でも有効な打
ち方だ。上体を前に突っ込ませず、肩を
入れて相手前衛をけん制するのがカギ。

3種類のテンポを組み合わせて使う

ボールにスピードや威力があっても、一定のテンポでは相手はやがて慣れ、前衛に捕まってしまう。ラリー中にそれまでとは違ったテンポで打つことができれば、相手前衛はタイミングを取りづらくなり、容易に勝負に出られなくなる。

テンポに変化をつけるには、自分のポジションを前にしたり、後ろに下げたりして、打点や打つタイミングを変える。通常のテンポに加え、速いテンポや遅いテンポの3種類を使い分けるようにしよう。試合ではそれらを組み合わせて使いたい。

POINT ❷
通常より後ろのポジションで打点をスッと落として打つ

テンポを遅くするには、通常より後ろにポジションを取り、バウンドしたボールが頂点から落ちてくるタイミングで打つ。スイングを緩めてテンポを変えようとしない。遅いテンポは自分にも余裕があるので、しっかりコースを狙う。

POINT ❸
ポジションは変えずに打点を調節してテンポを変える

ポジションを変えずに通常の構えから、打点をやや前の位置で打ったり、後方まで引き込んで打ち、その幅だけでリズムやテンポの変化をつけることもできる。ただし、この方法はある程度のレベルに達してからトライしてほしい。

必勝POINT

❶ 通常より前のポジションで
　ボールが頂点に達する前に打つ

❷ 通常より後ろのポジションで
　ボールを落としテンポを緩める

❸ ポジションを変えずに
　打点の位置でテンポを変える

チャレンジしよう！

☐ 速いテンポで打つときは狙うコース
　をあらかじめ決めておいて打つ

☐ 上体を突っ込ませないことを意識し
　肩を入れて相手前衛をけん制する

☐ 遅いテンポで打つときは相手前衛の
　動きをよく見て、コースを狙おう

自分のテニスを展開する①

自分の得意なコースが
ここ一番で生きるように戦う

POINT ❶
自分の得意なコースで
相手に先手を許さない

　後衛のラリーはクロスと逆クロス、左右のストレートと、4つのコースが基本。そこで引っ張る方向と流す方向をそれぞれフォアハンドとバックハンドで打ち分けられるのがベストだが、試合ではその中で得意なコースや展開を軸とする。

得意なコースを重要な局面に取っておく

クロスや逆クロス、ストレートなどの展開に加え、引っ張りや流す打ち方など、得意なプレーは人それぞれ。基本はそうした「自分のテニス」で相手より先に主導権を握り、勝負を決めるのが理想だ。

しかし、得意なプレーばかり打っていたらリズムが単調になるのも事実。次第に慣れてくる相手に逆襲を食らうかもしれない。そこで他のコースや展開をベースにし、得意なコースをここぞの場面のために取っておくという考え方もある。ショットコンビネーションを駆使していこう。

POINT ②
自分の得意なコースを
勝負所にあえて取っておく

逆クロス展開からのサイドパスが得意なら、そのショットを乱発しない。普段はクロス展開やストレート展開をベースにし、ここぞという局面で逆クロスからのサイドパスを繰り出す。得意なコースを生かすために布石を打っておく。

POINT ③
得意コースを生かすために
苦手なコースも磨いておく

得意なコースを大事な場面に取っておくなら、不得意なコースにきちんと打てるテクニックを磨いておく必要がある。速いボールを生かすために遅いボールを見せておくのと同じ発想だ。苦手ショットの食わず嫌いになってはいけない。

必勝POINT

❶自分の得意なコースで
　自分のテニスを展開する

❷得意コースを生かすために
　あえて取っておく

❸苦手なコースも磨くことが
　相手に慣れさせないことに

チャレンジしよう！

□クロスやストレート、
　引っ張りや流す打ち方の確認

□ショットコンビネーションで
　得意コースを生かす

□不得意なコースでも
　正確に打てるようにしておく

自分のテニスを展開する②

サーブレシーブで先制攻撃をし 相手からの返球を甘くする

POINT **1**
相手のセカンドサーブは 先制攻撃のチャンス

　相手のセカンドサーブはレシーブ側の絶好機。ダブルフォールトを犯さないように安全に入れてくる選手が多いからだ。相手後衛を走らせたり、センターを突いたり、相手前衛にアタックしたり、積極的に攻撃して主導権を握ろう。

先制攻撃

セカンドサーブ

味方の前衛に打つコースを伝えるのも有効

サーブレシーブ、とくに相手が入れることを最優先させるセカンドサーブでは、確実に攻め、主導権を握りたい。サーブレシーブで先制攻撃ができれば、相手からの返球は甘くなり、自分から好きなコースに打つことができる。すなわち、自分のテニス、

自分の展開ができるというわけだ。

相手が良いサービスを打ってきたとき以外は、あらかじめ自分の前衛に、「レシーブはこのコースに打つ」と伝えておくといい。そうすれば、前衛も次のプレーを予測しやすく、得点チャンスがふくらむ。

POINT ❷
レシーブするコースを自分の前衛に伝えておく

前衛にとって、自分の後衛がどのコースに打つかわかっているのと、わかっていないのとでは、予測できるプレーの幅が大きく変わってくる。セカンドレシーブでは、あらかじめ打つコースを伝えておき、前衛が動きやすい状況を作る。

POINT ❸
相手の良いサービスはしっかりつないでしのぐ

ファーストサービスでもできるだけ攻撃を仕掛けていく。それが難しいサービスだったら、無理に強打で返球せず、ロビングなどでつなぎ、ラリーの中で攻勢に出られるような展開に持ち込む。攻める、つなぐのメリハリを明確にする。

必勝POINT

❶相手のセカンドサーブで
　先制攻撃を仕掛ける

❷レシーブするコースを
　味方前衛に伝えておく

❸攻める、つなぐの
　メリハリを明確にする

チャレンジしよう！

□相手後衛を走らせたり
　前衛アタックなどで先制攻撃
□相手の返球が甘くなったところで
　自分の展開に持ち込む
□味方の前衛と攻めるコースを
　共有すると威力が増加する

味方の前衛を生かす①

相手後衛が得意なコースは避け 嫌がっているコースを攻める

POINT ❶
バック側にボールを集めると コースを限定しやすくなる

　サービスやレシーブ、あるいはラリー中に相手後衛のバック側を狙ったり、ロビングを使って逆サイドに走らせてバックハンドを打たせる。バックハンドは引っ張る打ち方の方がやりやすいので、味方前衛は思い切った勝負ができる。

バックを狙う

バックを打たせたり回り込ませる

当然のことながら、苦手なショットはミスをしたり、相手にとって甘いボールになりやすい。とくに中高生では、バックハンドを正確に打ち分けられる人は少ない。そこで相手のバック側や回り込ませるコースを突き、ミスや甘い返球を誘い出す。

また、通常のラリーでも、たとえばクロスの打ち合いから自分の前衛がポーチを決めた場合、相手後衛はそのクロス展開に嫌な感覚を持つ。そういうときに同じコースを徹底して攻めれば、相手との駆け引きで優位に立ち、自分の前衛を生かせる。

POINT ❷
相手後衛を回り込ませて
引っ張りのコースへと誘う

相手のバック側にボールを集めるのと同様、回り込ませるのも自分の前衛を生かす一つの手。回り込む動きをしたときは流す方向より引っ張る方向に打ちやすいため、前衛はそのサイドをケアしておくことでチャンスが生まれる。

POINT ❸
自分の前衛がポイントを
決めた展開に持ち込む

自分の前衛が相手後衛の隙を突いて、うまくポーチなどを決めると、その後衛にとってそのコースや展開は「ちょっと嫌だな」と感じるもの。そうなったらそこを徹底的に攻め、逆に、相手後衛の有利になるコースには打たないようにする。

必勝POINT

❶ バックハンドを打たせて
甘いボールを誘う

❷ 回り込ませて
引っ張るコースを打たせる

❸ 相手後衛が「嫌だな」と
感じている展開に持ち込む

チャレンジしよう！

□ 試合前の対戦相手との乱打で
バックを打たせて実力を計る

□ 相手後衛のバック側を狙うとき
相手前衛に取られないように注意

□ フットワークが悪い相手には
前後の揺さぶりも効果的

長いボールで相手を押し込み
チャンスボールを生み出す

POINT ❶
ベースライン付近への
深いボールで攻撃を許さない

　ストロークは基本的に深いボールを心
掛けよう。深ければ、それだけ相手の返
球がこちらに届くまでに時間がかかり、
自分たちにとって見極めやすくなる。ベ
ースライン上に落ちるのがベスト。普段
の練習から深いボールを意識したい。

ベースライン付近に落ちる深さに打つ

味方の前衛を生かすには、長い（深い）ボールが有効だ。自分がそういうボールを受ける場面を考えてみよう。踏み込んで返球するのが難しく、後ろ脚に体重が乗ったままのスイングでは打てるコースの幅も狭くなる。その結果、相手前衛に簡単にポイントを許してしまう。

逆に言えば、自分が深いボールを打てれば、味方の前衛がチャンスをつかむ可能性が高まる。ストロークは速さよりも深さを意識し、ベースライン付近に落ちるようなボールで相手後衛を押し込もう。

POINT ②
深いボールから攻撃に転じるのは難しい

深いボールを打つと、相手後衛はそこから攻撃に転じるのが難しい。まして軸足（後ろ足）に重心が乗ったまま、苦しい体勢で打たざるを得ない場面では、打てるコースが限定される。味方の前衛にとっては大きなチャンスになる。

POINT ③
短いボールばかりでは相手に攻め込まれてしまう

長いボールを軸に、機を見て短いボールで相手を揺さぶるのはいいが、常に短いボールばかり打っていては主導権は握れない。ボールのスピードが遅くても、できるだけ深さのあるボールを打つ。日頃の練習から意識することが重要だ。

必勝POINT

❶長いボールで相手に攻撃させず
　味方前衛にチャンスを作る

❷ベースライン上、あるいは
　ライン付近に落ちるのが理想

❸ストロークで重要なのは
　ボールの速さではなく深さ

チャレンジしよう！

☐どの角度からでも
　深いボールを打てるようにする

☐浅くなってしまうときは
　狙いをネットの白帯のやや上に

☐バックハンドやロビングでも
　できるだけ深く打っていく

味方の前衛を生かす③

時間のあるボールを使ったり
打点を落とさせて揺さぶる

POINT ①
ロビングではない、
時間のあるボールが有効

　速い展開に持ち込み、相手に時間を与えないことで、考えさせないのがセオリーだが、逆に、時間を与えて考えさせるのも一つの手。それを狙うときは相手後衛のいるサイドに打つ、長さと高さのあるボールが効果的だ。

考えさせたり、体勢を崩させる

後衛が強打一辺倒の速いボールだけでは、味方の前衛もポジションを取ることに忙しくなり、なかなか動き出せない。そういうとき、中ロブより強く低い軌道の、長さと高さがあるボールを打ってみよう。相手後衛には対峙する前衛を見る時間的余裕が生まれる。その瞬間こそ、前衛が相手後衛を惑わせるチャンスになる。

また、打点を落とさせる方法もある。基本は長いボールでラリーを組み立てるが、意表を突いて短いボールを織り交ぜると、相手後衛は打ち分けづらくなる。

POINT ❷
時間があると相手は
どこに打つべきか頭を巡らす

後衛は時間的余裕があると、相手前衛を見ることができるため、いろいろと考えを巡らす。そういう状況を作れば、前衛はポーチに出る素振りを見せたり、スマッシュを追える体勢であることを示し、相手後衛との駆け引きで優位に立てる。

POINT ❸
短いボールをうまく使い
打点を落とさせる

長いボールを軸として相手のポジションを下げると、短いボールが生きてくる。ツイストなどで相手を前におびき出し、打点を落とさせれば、打つコースを限定できる。また、相手コートにオープンスペースを作るというメリットもある。

必勝POINT

❶ 長さと高さがあるボールは
甘いと攻め込まれるので注意

❷ 時間的な余裕を与えると
相手は考えようとする

❸ 短いボールで打点を落とし
打つコースを限定させる

チャレンジしよう！

☐ 長さと高さがあるボールは
中ロブより強く低い軌道の意識で打つ

☐ クロス、逆クロス、ストレートと
あらゆる展開で使えるようにしたい

☐ 短く打つときは甘いボールは厳禁
相手をおびき寄せて打点を落とさせる

センターを効果的に突き
相手の打つコースを制限する

センター攻撃

POINT ❶
センターを使えると
攻撃パターンが多彩になる

　相手の返球に対して早めに準備ができると、相手前衛はサイドを固めようという守備の意識が働く。そこで効果的なのが、相手コートのセンターマークを狙ったコースだ。センター攻撃は相手後衛を動かして打たせることができる。

センターのボールは角度をつけにくい

相手とのラリーはクロス（および逆クロス）かストレートの展開が基本だが、センターを有効に使うと、攻撃の幅が格段に広がる。センターから打つボールは角度をつけにくいという性質があるからだ。狙い目は、相手コートのセンターマーク。相手前衛の届かないところに配球しながらセンターを突くと、相手後衛を動かし、かつ打つコースを制限できる。

積極的に動くタイプの前衛に対しては、その前衛がもともといる場所を狙い、機動力を弱めるという方法もある。

POINT ②
センターからの打球は角度をつけにくい

自分がセンターから打つと想定すると、狙えるコースの少なさがよくわかる。相手前衛に中央付近に立たれると、相手後衛に返球することさえ簡単ではない。したがってセンターを突けば、味方前衛は少ない移動距離で勝負をかけられる。

POINT ③
相手前衛の逆を突き甘い返球を呼び込む

相手前衛がよく動くタイプの場合、その前衛がもともといる場所も積極的に狙っていきたい。前衛は逆を突かれる形になり、鋭いボレーにはなりにくい。また、たとえ相手後衛にカバーされても甘いボールが返ってくる可能性が高い。

必勝POINT

❶ センターを有効に使えると相手の機動力を弱められる

❷ センターからは打てるコースが少なくなる

❸ 相手前衛がもともといる場所を狙うのも有効

チャレンジしよう！

□ センター攻撃の狙い目は相手コートのセンターマーク

□ 肩を入れてしっかりと構えると相手前衛はサイドを固める傾向にある

□ クロス、逆クロス、ストレートから相手のセンターを突けるようにしたい

後衛の技術①フォアハンドストローク

カラダの回転運動と体重移動を意識しできるだけ高い打点で振り抜く

POINT ❶
最初に軸足の位置を決め
スイングを開始する

POINT ❷
**相手のボールの力を利用し
カウンターで切り返す**

　相手が威力のあるボールを打ってきたら、その反発力を生かしたカウンターショットで、さらに強力に打ち返せる。大振りする必要はない。確実にミートさせ、オーバースイングにならないように心掛けよう。ミスを恐れず、思い切って振りきること。

3つの打ち方を使い分ける

ソフトテニスのもっとも基本的なプレーであるグラウンドストロークには、写真のように腰の高さで打つサイドストロークの他、腰を落として低い打点で打つ、安定感のあるアンダーストロークと、腰より高い打点で打つ、攻撃的なトップストロークのおもに3つの打ち方がある。

すばやく打つ位置に移動し、まずは軸足（右利きのフォアハンドなら右足）を固定させる。ボールにタイミングを合わせ、腰を回転させるとともに、体重を軸足から前足へ移しながらラケットを振り抜く。

チャレンジしよう！

☐サイドストロークを軸にしつつ、
　局面ごとに打点の高さを変える

☐チャンスボールは高い打点から
　全身を使って打ち込む

☐どのコースを狙うときも
　できるだけ同じフォームで打つ

後衛の技術②バックハンドストローク／ロビング

ラケットを持っている側の肩を入れて
カラダの前でインパクトする

POINT 1
相手に背中を見せるように
肩を入れて上体をひねる

POINT 2
ヒザを柔らかく使って
ラケットを振り上げる

　山なりの軌道を描くロビングには「攻めのロビング」と「守りのロビング」がある。基本的な打ち方はストロークと同じだが、よりヒザを使い、ラケットを下から上に振り上げる。しっかり振り抜くとドライブ回転がかかり、コントロールしやすい。

腰を回転させてスイング

背中を相手に見せるぐらいのイメージで肩を入れて上体をひねり、そのバネを利用してラケットを振り抜く。バックハンドを苦手にしている人は多いが、サイドストロークだけでなく、アンダーやトップ、また、流す方向にも打てるようにし、状況に応じて使い分けたい。

必勝POINT

❶バックは肩を入れて
　カラダの回転で振り抜く

❷ロブは手だけで打たず
　カラダ全体を使って打つ

軸足（右利きなら左足）の位置を決め、右肩を入れて上体をひねる。このとき、右肩をしっかり入れる。ボールにタイミングを合わせ、横に向いた上体を回転させながら、重心を前足に持っていく。フォロースルーは大きく。

チャレンジしよう！

☐ボールを自分の方へ引きつけ
　流すバックも打てるようにする

☐しっかり面を作れればバックは
　打てる。苦手意識を持たない

☐ロビングはベースラインに
　落ちる深さで打つ

自分なりの緊張とのつき合い方を見つける！

　中高生ぐらいの年代から、「試合で緊張してしまう」という声をよく聞きます。私も中学生や高校生の頃は試合で緊張し、手が震えたり脚が動かなくなったことを覚えています。「うまくプレーできなかったら…」「調子が悪かったらどうしよう」といった不安に駆られ、緊張が良くない状態になってしまうのです。

　緊張はなくなればいいわけではありません。緊張するのは当たり前で、その中で自分は何ができるのか。大切なのは、どうやって緊張とうまくつき合うか、ということだと思います。私は大学生や社会人になるにつれてそういう考え方を学び、緊張とのつき合い方がわかってきたら、試合でも自分のプレーができるようになりました。今では試合前、ウォーミングアップの他、音楽を聴いて自分の気持ちを高めたりしています。

　音楽を聴いてリラックスするとか、

相手の情報を集めて少しでも試合を有利に進められる準備を整えるなど、自分なりの緊張とのつき合い方を見つけてみましょう。また、そうした考え方を持てると、試合中の不測の事態にも対応しやすくなるはずです。

PART 2

前衛の戦術

積極的に動いて
点を取りにいく姿勢を示す

POINT ❶
点を取りに行く動きで
相手に自分の存在を示す

相手のレシーブに対して、また、味方後衛とのラリーの中で、積極的に動いてポイントを取りに行く。たとえ得点が決まらなくても問題はない。相手後衛が「打ちにくい」と感じていれば、それは自分が意識されていることになる。

相手に「嫌な前衛だ」と感じさせるのが狙い

ポイントゲッターの役割が求められる前衛は、積極的に動いて、ボレーやスマッシュを決めにいく。得点を挙げることができればベストだが、たとえ決まらなくても、相手に「嫌な前衛だな」と思わせたら、一つの役割を果たしたと考えていい。

ポーチに出る、コースを空けて誘う、スマッシュを追いかけるなど、相手が邪魔だと感じる動きをしたり、相手後衛との間合いを合わせる他、あえて動かないのも策。相手に自分の存在を意識させ、思い切ったプレーをさせないのが狙いだ。

POINT ②
相手がスイングを開始した瞬間に動くと逆を突かれない

相手に簡単に抜かれないためには、動き出すタイミングが重要。意識するのは相手後衛との間合いだ。相手がスイングを始め、コースを変えられなくなった瞬間に動こう。そうすると、逆を突かれる心配がなく、勢いよくボールに向かえる。

POINT ③
あえて動かないことで相手に考えさせる

積極的に動くのとは対照的に、あえて動かないのも有効だ。相手に「あの前衛は何を考えているのだろう」と思わせ、考えさせる。動かないだけでは効果はないが、普段はあまり動かず、ここ一番でいきなり動くと、相手を動揺させられる。

必勝POINT

❶動いて点を取りに行き
　積極性をアピールする

❷相手後衛との間合いを
　意識してすばやく動く

❸まったく動かないのも
　相手を混乱させるのに有効

チャレンジしよう！

□ボレーやスマッシュで
　相手からポイントを奪いにいく

□動くことでサイドが空くが、
　リスクは最小限にとどめる

□普段はあまり動かずに
　ここ一番で動いて勝負に出る

コースを限定させる①

ネットに近づいたり離れたりして打たせたいコースに誘導する

POINT ❶
ネットにピタッと詰めて相手に威圧感を与える

　前衛がネットに詰め、悠然と構えることで、相手は威圧感を感じ、通常のストロークを打ちにくい。味方の後衛が高い打点から攻めていくプレーを得意とするなら、前衛はポーチを狙っている意志を示し、相手にロビングを上げさせよう。

POINT ❸
徐々に相手を追いつめ有利な展開に持ち込む

　1本のボレーやスマッシュで得点できるのがベストだが、相手もそうさせまいと考えてプレーしている。自分たちの良さを生かすために、前衛は最適なポジションを取り、相手を徐々に追い詰めながら、決定的チャンスを作っていきたい。

ロブを打たせたくなければネットから離れる

　前衛はポジション取りによって、相手の打つコースを限定させることができる。その1つが、ポジションを前後に変える方法だ。ネットにピタッと近づけば、相手は「ポーチを決めに来るな」と警戒し、ロビングを上げやすくなる。逆に、ネットから離れれば、相手は「スマッシュを狙っているな」と考え、ロビングを使ってこない。

　味方の後衛がどういうショットを得意とし、自分たちはどんな展開ならプレーしやすいのか。状況に応じて、最適なポジションを取るようにしよう。

POINT ❷
ネットから少し離れて
ロビングを上げさせない

　味方の後衛が打ち合いが得意だったり、ロビングを嫌がっていたら、前衛はネットから少し離れたポジションを取り、相手にロビングを使わせない方法が有効。自分がいるサイドを広くカバーし、相手が自分の後衛の方に打つように仕向ける。

必勝POINT

❶ ネットに近づいて
　相手にロブを上げさせる

❷ ネットから離れて
　相手にロブを使わせない

❸ 自分の後衛のタイプや
　状況に応じた位置取りをする

チャレンジしよう！

☐ 相手後衛がテイクバックを始めたら
　動きを止め、間合いを合わせる

☐ ネットに近づいたときは
　相手のセンター攻撃を警戒する

☐ ネットから離れたときは
　ネットにかけるミスに注意する

コースを限定させる②

左右のポジション取りで
相手の打つコースをブロックする

ストレート
展開

POINT ❶
サイドに寄る位置取りで
守備重視の意識を高く

　相手後衛がスッと構え、どのコースにも打てる
体勢になったら、基本ポジションからやや自分の
サイドに寄り、守備を固める。後衛同士のラリー
で、味方が優位な場面でもそれほど仕掛けていく
必要がないので、自分のサイドを固める。

POINT ❸
サイドを空ける位置取りは
相手や状況に応じて変える

　センターに寄ると、自分がいるサイド
を空けることになり、抜かれるリスクは
高まる。やみくもにセンター寄りのポジ
ションを取るのではなく、相手のショッ
トのスピードやテンポを考慮して、空け
るスペースの大きさを決める。

サイド

基本ポジションを軸に左右に動く

前衛は、ネット近くで、相手の後衛が打てる範囲の真ん中に立つのが基本ポジション。そこでネットに近づいたり離れたりすることに加え、左右に動くことでも相手の打つコースを限定できる。

基本ポジションをベースにして、後衛同士のラリーから少し離れれば、相手に自分のサイドを抜かれないことを意識した守備重視のポジションとなる。逆にラリーのボールに近づけば、ポーチに出ていくための攻撃重視のポジションとなる。局面ごとに考えて使い分けよう。

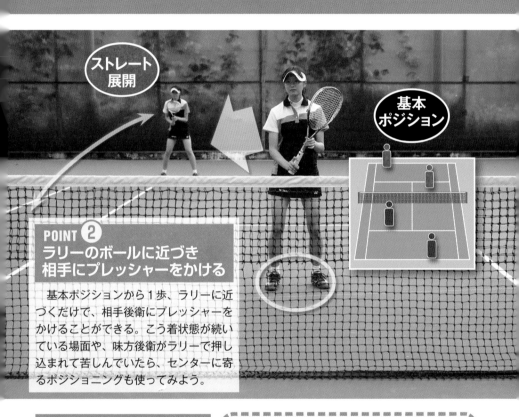

ストレート展開

基本ポジション

POINT ❷
ラリーのボールに近づき相手にプレッシャーをかける

基本ポジションから1歩、ラリーに近づくだけで、相手後衛にプレッシャーをかけることができる。こう着状態が続いている場面や、味方後衛がラリーで押し込まれて苦しんでいたら、センターに寄るポジショニングも使ってみよう。

必勝POINT

❶ サイドをしっかり守り
　後衛の方に打たせる

❷ センター側に寄り
　攻撃的な姿勢を示す

❸ サイドを空けるリスクは
　なるべく小さく抑える

チャレンジしよう！

□ 基本ポジションが正しいかどうか
　いま一度確認してみよう

□ 守備を固めるために
　サイドに寄り、素早く構える

□ 味方の後衛が苦しい状況なら
　センターに寄る位置取りも使う

相手にプレッシャーをかける①

相手後衛との駆け引きを制し
ポーチボレーで勝負に行く

POINT ❶
行かないと見せかけて
取りに行くのが基本だ

　ポーチに出るときは、こちらの意図を事前に知られてはならない。「あの前衛は動かないな」と思わせておき、相手が油断して後衛に打ってきたところを取りに行く。相手後衛との駆け引きで上回り、大事な場面で確実に決めたい。

空いたコースを狙いがちな後衛の心理を突く

相手にプレッシャーをかけるには、ポイントを決めるのが手っ取り早い。もっともオーソドックスなプレーは、互いの後衛同士のラリー中に横から飛び出し、ボレーで決める、いわゆるポーチだ。

右利きの場合、右方向に動いてフォアハンドで取るポーチと、左方向に動いてバックハンドで取るポーチがある。どのポーチでも基本は、取りに行く素振りを見せず、相手が警戒感なく後衛に返球してきたボールを仕留める。早く動きすぎると、空いたサイドを抜かれるので注意しよう。

POINT ② 早く動きすぎるとサイドパスで抜かれる

ポーチに出るタイミングが早いと、それまでいたサイドがガラ空きになり、相手に抜かれてしまう。大切なのはタイミング。相手がスイングを開始し、狙うコースを変えられないギリギリの瞬間に飛び出し、ポイントに結びつける。

POINT ③ 相手の得意コースを封じ大きなダメージを与える

試合前の乱打や試合が進んでいくと、相手の得意なショットやコースがわかってくる。人はいざという場面では得意なプレーに頼るもの。そこをポーチで止められれば、ただの1ポイントにとどまらず、相手に精神的ダメージを与えられる。

必勝POINT

❶ポーチに行くときは
　行くことを悟らせない

❷早すぎる飛び出しは
　抜かれるリスクが高まる

❸相手の得意コースを消し
　精神的にも優位に立つ

チャレンジしよう！

☐クロス展開からのポーチは流し
　ストレート展開では引っ張るのが基本

☐ポーチに出るときは躊躇は禁物
　出るときは勇気を持って思い切り

☐早く飛び出しすぎると抜かれる
　ギリギリのタイミングを見計ろう

意図的にコースを空け そこに誘い込んで仕留める

POINT ①
センター寄りに位置取り ストレートを空ける

クロス展開、あるいは逆クロス展開の
ラリーのとき、基本ポジションよりやや
センター側に立つ。相手後衛からはクロ
ス（逆クロス）のコースが狭く感じ、打
ちにくい。そこで空いたストレートを狙
ってきたところをボレーで仕留める。

空いたコースを狙いがちな後衛の心理を突く

後衛は相手がいないコースを突こうとする。その心理を利用し、わざと空きスペースを作って、そこを狙わせる戦術もある。たとえばクロス展開のとき、基本ポジションよりもセンター寄りに構え、ストレートを空けておく。相手後衛がサイドパスを狙ってきたところをボレーで決めるのだ。

相手後衛は誘われているとわかっていても、コースが空いていたら、つい打ちたくなるが、チャンスを決めようという思いが強いほど力み、ミスもしやすい。効果的な位置取りで相手を誘い込もう。

POINT ②
クロスのコースを空けて引っ張りを誘う

後衛同士がストレートで打ち合っているとき、相手後衛が自分を意識したら、ポーチに行くと見せかけてクロスのコースを空ける。後衛は引っ張りのショットの方が打ちやすい場合が多いので、そこに打ってきたら抜かせない。

POINT ③
相手にスキを見せるのは味方がペースダウンしたとき

後衛同士が速いラリーを続けている最中は、相手後衛はラリーに夢中で誘いのプレーはあまり通用しない。したがって誘うのは味方の後衛がペースダウンしたときが効果的。相手に余裕が生まれ、コースがよく見えている局面に誘いたい。

必勝POINT

❶ 空きスペースを作って
　そのコースに打たせる

❷ 相手が打ちやすい
　引っ張りを誘い出す

❸ 速い展開のラリー中は
　誘いのプレーは効果が薄い

チャレンジしよう！

☐ 相手後衛が自分を意識し始めたら
　誘うプレーを使ってみる

☐ クロス（または逆クロス）展開で
　ストレートのコースに誘う

☐ 誘いのプレーを行うのは
　味方がペースダウンしてから

相手にプレッシャーをかける③

スマッシュを見せつけ
相手に簡単に逃げさせない

POINT ❶
甘く浮いてきたボールは
スマッシュで確実に決める

　豪快なスマッシュは前衛の見せ場となるプレー。相手からの甘い浮き球は見逃さず、しっかりポイントに結びつけよう。とくに試合序盤でスマッシュが決まれば、相手はその後、簡単に逃げられなくなる。メンタルの戦いでも優位に立てる。

ロビングを追いかけ守備範囲の広さをアピールする

相手のボールが甘く浮いてきたボールは、スマッシュで確実に決めるのが前衛の役割。ただ、ポイントが決まらなくても相手の深いロビングを追いかけ、守備範囲の広さを見せつけるだけでも、相手にプレッシャーをかけられる。「ロブは通用しないな」と思わせれば、簡単にロビングで逃げるプレーを封じることができるのだ。

初めから下がったポジショニングでロビングを上げさせない作戦もあるが、後方を空けておき、上げてきたロビングを追いかけると、相手はより脅威に感じる。

POINT ②
打つのが難しいロビングも追いかける姿勢を示す

ベースライン付近に落ちる深いロビングや、味方後衛を走らせるのが目的の速いロビングは、なかなかスマッシュを決められない。しかし、追いかけてスマッシュを打とうという姿勢を見せることが相手へのプレッシャーとなる。

POINT ③
スマッシュは打ってこないと相手に油断させる

スマッシュには行かないというポジショニングや動きで相手を油断させ、ロビングを誘ってみよう。下がりながら打つスマッシュやジャンピングスマッシュは難易度が高いが、マスターできれば、広い守備範囲を相手にアピールできる。

必勝POINT

❶甘く浮いてきたボールは
　見逃さずにスマッシュする

❷追いかける姿勢を示し
　簡単にロブを上げさせない

❸相手を油断させて
　ロブを上げさせる手もある

チャレンジしよう！

□豪快なスマッシュは前衛の見せ場。
　チャンスは確実にモノにする

□打てないときは判断よく見切り
　すぐに元のポジションに戻る

□相手にさらに追い詰めるために
　ジャンピングスマッシュを習得する

相手にプレッシャーをかける④

サーブレシーブから
1人でポイントを取りに行く

POINT ①
攻撃的な深いレシーブで
甘いボールを誘う

セカンドサーブでは攻撃的なレシーブで先手を打ち、相手の甘い返球を一気に決める。レシーブは通常のストロークと同様、深いボールが有効。ネットに詰める時間を稼げる上、相手にとっては対応しづらく、攻撃しにくいからだ。

POINT ③
多彩なレシーブで
チャンスボールを導く

レシーブでの攻撃は深いボールをベースにすると、他のショットがより生きてくる。後衛がサーブのときはツイストやショートボールで相手を前におびき寄せられる。センターを狙って相手の陣形を崩し、相手を撹乱させる方法もある。

ここぞという場面で1人で得点できる選手になる

前衛が1人でポイントを挙げられる攻撃力があると、相手にとっては厄介だ。とくに相手が慎重にならざるを得ないセカンドサーブの場面では、サーブレシーブで先に攻め、返球が甘くなってきたところを一気に決めてしまおう。

サーブレシーブは深い打球が理想だが、そこにショートボールを織り交ぜたり、センターを突くと相手は的を絞りにくい。また、思い切って前衛にアタックするのもいいだろう。多彩な得点パターンがあれば、それだけ勝利への道が近づく。

POINT ②
浮いてきたサービスは前衛アタックで得点を狙う

相手のサーブが浮いてきたら、思い切って前衛アタックを仕掛けてもいい。「チャンスがあれば、いつでも行くぞ」というアピールになるし、サーバーの後衛にもプレッシャーを与えられる。ぶつけるときは躊躇しないこと。

必勝POINT

❶ 深いコースへのレシーブで相手の返球を甘くする

❷ チャンスは前衛アタックなどでプレッシャーをかけていく

❸ 短いボールやセンターへのレシーブを使うと効果的だ

チャレンジしよう！

☐ レシーブ、ダッシュ、ボレーを1つ1つのプレーを無駄なく行う

☐ ネットにつくのが遅れても焦らずにその場で止まって構える

☐ 1人で得点できるパターンをできるだけ多く身につける

53

本来味方が打つべきボールを横に飛び出して止めるポーチ

POINT 2
引っ張るポーチと流すポーチを使い分ける

　ストレート展開からのフォアのポーチは、引っ張ってコート中央のオープンスペースに折り返す打ち方と、流してサイドライン際に落とす打ち方がある。サイドラインいっぱいでのラリーをポーチする場合は、流すコースがないので引っ張る。

目線の安定がポイント

おもに前衛が行うボレーで、ポーチを身につければ得点力が高まり、相手にプレッシャーを与えられる。フォアハンドのポーチのうち、クロス展開のときは進行方向に流し、ストレート展開のときは逆方向に引っ張るのが基本。ヒザを柔らかく使い、目線を安定させよう。

POINT ❶
すばやく動くために
リラックスして構える

相手の速いボールに対応できるように、ヒジをカラダの前にし、リラックスして構える。相手との間合いをはかり、飛び出すときは躊躇しない。ボールから目を離さず、クロス展開でのポーチは流してオープンスペースへ。

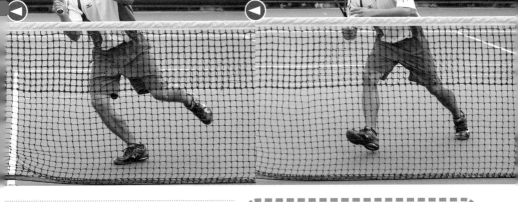

チャレンジしよう！

☐相手がコースを変えられない、
　ラケットを振り出した瞬間に動く

☐ネットに近づいた方が
　ネットにかけるミスが減る

☐相手の速いボールに対しては
　振らずに面を合わせればいい

カラダを横向きにして構え
カラダの前でインパクトする

POINT ❶
大振りにならないように
しっかりとラケット面を残す

バックハンドのボレーは、フォアと違い、カラダを横に向け、肩を入れるだけでテイクバックが完了する。そこから余計にラケットを引く必要はなく、それによってスイングの遅れも防げる。大振りにならないように面を残すこと。

POINT ❷
逆のコースを突かれても
簡単にはあきらめない

　ストレート展開からのバックのポーチは、フォアのときと同様、基本的には引っ張る。もし逆のコースを突かれてしまったら、ラケットをうまくさばいて何とか返球したい。簡単にあきらめないことが大切だ。どのコースにも対応できる心構えを持とう。

肩を入れてラケットを引く

ストロークと同じように最初に軸足（右利きの場合は左足）の位置を決める。肩を入れながらラケットを引き、横向きの姿勢を作る。インパクトは右足の踏み込みに合わせてカラダの前で。このとき、ヒジを伸ばしておくと、フォロースルーの際に面を残しやすい。

チャレンジしよう！

□ すばやい動きができるように
　リラックスして構えておく

□ ポーチは相手後衛がコースの
　変更をしにくい場面が狙い目

□ 流すボレーと引っ張るボレーを
　局面によって使い分ける

前衛の技術③ディフェンスボレー

カラダごとコースに入り
相手のアタックを阻止する

POINT ❶
ラケットは立てて構え
振らずに面を作るだけ

重心を低くし、ラケットを立てて構える。カラダごとコースに入り、一歩踏み出すことでボールとタイミングを合わせる。ラケットは振らず、面をしっかり作って、インパクトの瞬間にギュッと握るだけでいい。

POINT ❷
すばやく動くために
リラックスして構える

恐怖心からカラダがこわばってしまうと、すばやい動きができない。相手が自分にぶつけてくるとわかったら、できるだけネットに詰め、肩の力を抜くこと。リラックスして構えた方が、ボールの軌道を読みやすいはずだ。

恐怖心に打ち勝ってブロック

相手はチャンスボールのとき、前衛にアタックするのが一つの攻撃パターンだ。至近距離から強打されると、恐怖感を覚えてしまうが、練習を重ねれば徐々に慣れてくる。重要なのは相手が打った瞬間にボールの軌道を読むこと。劣勢をはねのけ、相手にダメージを与えよう。

チャレンジしよう！

□力まず、ボールをよく見て
　脚でタイミングを合わせる

□ラケットは立てて構え
　インパクト時に強く握る

□相手のアタックを止めると
　精神的に優位に立てる

前衛の技術④スマッシュ

相手が逃げてきたロビングを
頭上から強烈に叩き込む

POINT ①
体重移動を意識しながら
頭上のやや前でインパクトする

　カラダを横に向け、脚を使って
すばやくボールの落下点に入る。
軸足（右利きの場合は右足）を決
め、上体を反らせると同時に、ラ
ケットを担ぐように構える。重心
を前足に移しながら、スイングを
開始し、頭上のやや前でインパク
トする。

POINT ②
広範囲をカバーできる
ジャンピングスマッシュ

　ジャンピングスマッシュが打て
ると、コートの広い範囲をカバー
でき、相手はますます脅威だ。軸
足で踏み切る打ち方と両足で踏み
切る打ち方があるが、いずれもバ
ランスを取りながらタイミングよ
くジャンプするのがポイント。

すばやく落下点に入る

相手が苦しまぎれに上げてきたロビングは、大きな得点チャンスだ。確実にスマッシュを決めれば、相手は次からロビングを上げづらくなる。ただし、初めからスマッシュの体勢を整えてしまうと、相手はロビングを上げてこないので、できるだけその素振りを見せない。

必勝POINT

❶カラダを横にして
　ボールの落下点に移動する

❷上体を反らせて構え
　全身のバネを使って打つ

チャレンジしよう！

☐ボールの落下点への移動は
　クロスステップがスムーズだ

☐構えたときに左手を上げて
　カラダのバランスを取る

☐ジャンピングスマッシュは
　カラダを折りたたんで打つ

人のプレーの中にもレベルアップの ヒントがたくさん隠れている！

テニスを上達させるには、まず一つは「見る」ことが大切です。うまい人のプレーを見て真似をする。もちろん、日々の練習も不可欠ですが、人のプレーの中にも自分をレベルアップさせるヒントがたくさん隠れているのです。

私は両親がテニスをやっていたこともあり、よく大きな試合に観戦に連れて行ってもらっていました。そこで当時強かった北本・斎藤、中堀・高川といったトップ選手のプレーを見ましたが、その経験はとても大きかったと思います。1日練習をするより、トップ選手の1試合を見た方が上達できると言っても過言ではありません。

もう一つは「考える」ことです。当然、先生の指導は参考にして聞かないといけませんが、そればかりに頼りすぎてしまうと、どうしてもそこまでの選手で止まってしまう可能性が高くなります。日本のソフトテニスにはプロはありませんから、大学生や社会人になったら自分で考えて取り組んでいかなくてはなりません。自分で考える能力がない選手は、やがて落ちていって

しまうでしょう。

誰かに与えられたものより、自分で導き出したものの方が納得できるし、自分の中に強く残っていきます。そんな意識を持って取り組んでみてください。

PART 3

サービスと
レシーブからの
攻撃戦術

サービスの狙うコース

ワイドやミドルへのコースを
打ち分けて有利な展開に持ち込む

POINT ❶
ワイドにはスライス系
ミドルにはフラット系が有効

サーバーが右利きで、後衛サイドのレシーバーをコート外に追い出したいなら、スライス系のサービスでAを狙い、左方向に滑るようにバウンドさせよう。バックを打たせたいなら、フラット系のサービスでBのコースを狙う。

POINT ❸
威力のあるサービスで
レシーバーのボディを突く

レシーバーから見てカラダの正面に来たボールは、フォアとバックのどちらで打つべきか一瞬迷うため、対応しづらい。ここぞという場面でボディを狙って、相手の意表を突こう。威力のあるサービスであれば、相手のミスを誘いやすい。

コート外に追いやったり、バック側を狙う

オーバーハンドサービスで狙えるコースは、おもにサービスサイドライン側（A）、サービスセンターライン側（B）、そして、レシーバーのカラダ（ボディ）の3つだ。

相手が右利きで後衛サイドへのサービスの場合、Aに打つとレシーバーをコート外に追いやることができ、Bに打つとバックで打たせたり、回り込ませることができる。前衛サイドへのサービスは、Cに打つことでコート外に追いやり、相手が右利きなら同時にバックハンドを攻めることになる。各コースに打ち分けられるようにしたい。

POINT ②
バックでレシーブさせて
ネットダッシュを遅らせる

前衛サイドのサービスは、相手が右利きならCのコースが効果的。バックで打たせることができる上、ネットまで距離があるため、レシーブ後のネットダッシュに時間を要するからだ。厳しいコースを狙って前衛の動きを止めよう。

必勝POINT

❶ワイドへのサービスで
　レシーバーをコート外に

❷ミドルへのサービスで
　後衛にバックで打たせる

❸レシーバーのボディを狙い
　相手の動きを封じる

チャレンジしよう！

□スライス、フラット、リバースの
　3種類のサービスを身につける

□サービスを打つときは
　その狙いをパートナーと共有しておく

□サービスの狙うコースによって
　パートナーはポジションを調整する

相手後衛を回り込ませて 引っ張りのレシーブを誘う

①

相手が右利きの後衛なら左足が狙い目。フラット系か、より深く回り込ませられるリバース系のサービスが有効だ。

②

前衛は早く出すぎると、相手後衛にストレートを抜かれてしまうので注意する。

回り込んだプレイヤーは引っ張る傾向がある

回り込んでからのストロークは、流す方向に打つのが難しく、引っ張る方が打ちやすい。そこで後衛が相手の後衛にサービスを打つ場面では、ミドル側を狙って回り込ませよう。相手は引っ張ってサーバー側にレシーブしてくる可能性が高い。

しかも、センター近くからは角度をつけにくいため、前衛はポーチに出るチャンスだ。相手がスイングを始め、そこからはコースを変えられないタイミングで動き出す。引っ張ってきたところを思い切って飛び出し、ポイントを奪いに行く。

③相手後衛は左方向に走っているため、甘いボレーではフォローされやすい。長さのあるボレーか角度をつけた厳しいボレーを心掛ける。

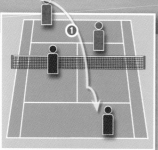

後衛のサービス。相手後衛を回り込ませるよう左足を狙う

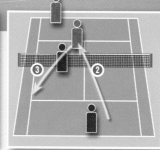

相手後衛が引っ張ってサーバー側に返球したところをポーチに出る

必勝POINT

❶ フラットかリバースサーブで相手の左足を狙う

❷ ポーチに出る前衛はタイミングとコースに注意

チャレンジしよう！

□ 右利きのリバースサービスはボールの左側をインパクトするイメージ

□ 前衛はストレート方向への長いボレーや引っ張るボレーで確実に決めたい

ワイドへのサービスの後、ロビングで逆サイドに振る

① スライス系のサービスで、サービスサイドライン際を狙う。相手後衛にコートの外に出る形でレシーブさせる。

② ストレート方向へのロビングは、なるべくドライブ回転をかけて打つ。甘くなると相手前衛に叩かれるので注意する。

相手後衛を走らせ、バックハンドで打たせる

右利きの後衛レシーバーに対し、サービスサイドライン際へのサービスで、レシーバーをコート外に追いやる。レシーバーが苦しまぎれのパッシングを打ってくる可能性があるため、前衛は抜かれないように警戒しておく。

サービスを打った後衛は、レシーバーからの返球を、ストレート方向へのロビングで相手前衛の頭を越す。そのボールを速く正確にサイドライン際に落とせれば、相手後衛に長い距離を走らせ、バックハンドで打たせることができる。

③ 前衛はポイントできるようにしっかり準備しておく。

レシーバーをコート外に追いやるサービスを打つ。レシーブが後衛に返球される

ストレート方向へのロビングで相手後衛を走らせる。相手の返球を前衛はボレーする

必勝POINT

❶ スライス回転の外に逃げるサービスで先手を打つ

❷ 甘いロビングは禁物。できるだけ深いコースに

チャレンジしよう！

□ サービスは緩く短いボールも有効。相手後衛を揺さぶることができる

□ ロビングは外に逃げる回転のボールを打てると、さらに相手を動かせる

後衛のサービスからの攻撃③

ロビングでレシーブさせて前衛がスマッシュで叩く

①

強いサービスでクロスなどに攻めた後、緩いサービスでセンター気味に少し回り込ませるコースに打つと、レシーバーは打点が落ち、ロビングを上げてきやすくなる。

②

ポーチと同様、前衛は取りに行くときは思い切って。届かないと感じたら、見切りを早くする。

巧みなサービスや前衛の動きで逃げのロビングを誘う

レシーバーは打つコースが見当たらないと思えば、ロビングを上げてくる。それを前衛が追いかけてスマッシュで決めるプレーは、後衛のサービスの質やコース、相手を惑わす前衛の巧みなフェイントがうまくかみ合うことで実現できる。

まずは後衛がサービスで相手のイヤなコースを突く。前衛はポーチにも出られるし、サイドも固めていることをアピールする。するとレシーバーの逃げ場はロビングしかない。前衛はすばやく下がり、タイミングを合わせてスマッシュを振り抜く。

③ スマッシュの狙うコースは、相手2人の間か、意外にストレート方向が効き目がある。

緩急のあるサービスを使い分けよう。緩めのサービスで相手後衛を動かす

前衛が駆け引きをして相手後衛に逃げのロビングを打たせ、そのボールをスマッシュ

必勝POINT

❶強いサーブを見せてから
　緩いサーブを打つと効果的

❷前衛は思い切ってロブを
　追い、スマッシュを決める

チャレンジしよう！

□後衛はサービスの狙うコースを
　あらかじめ前衛に伝えておくといい

□スマッシュはできるだけ早く
　ボールの落下点に入ること

後衛のサービスからの攻撃④

アンダーカットサービスで
相手のレシーブを浮かせる

①

アンダーカットサービスはミドルを狙うのがセオリーだが、機を見てワイドに打つのも効果的。味方同士のサインプレーで狙いを共有できると、なおいい。

②

後衛がサービスの場合、前衛は左右に動けることをアピールし、相手にプレッシャーをかける。

ディフェンスを固めた相手前衛の脇を抜く

アンダーカットサービスに自信があれば、使っていってもいい。バウンドの小さい精度の高いサービスは相手からの攻撃を封じ、かつ、低い打点でレシーブを打たせて自分たちのチャンスを作れる。浮いてきたレシーブは、前衛が叩けるなら叩く。

後衛に返球されても、相手前衛は高い打点からの攻撃を警戒して守備を固めているので、その脇が狙い目だ。再び短いボールを落とすのも有効。相手後衛はレシーブ後、基本ポジションに下がろうとするため、前への動き出しが遅れ、ミスを誘いやすい。

③ レシーブが浮き、相手前衛がアタックを警戒していれば、強打でセンターを突ける。

アンダーカットサービスでバウンドの小さいサービスを狙う

相手後衛がレシーブを浮かせ、そのボールを後衛が強打でセンターを突く

必勝POINT

❶ アンダーカットサービスで相手のレシーブを浮かせる

❷ 浮いてきたレシーブは見逃さずに攻める

チャレンジしよう！

☐ ペア間でのサインプレーでサービスの打つコースを共有する

☐ レシーブが甘く、前衛がポーチに行けるなら積極的に取りに行く

相手後衛のバックを狙い、レシーブからの攻撃を阻止する

①

速いサービスと遅いサービスを織り交ぜ、緩急をつける。リバースサーブでレシーバーから逃げるコースに打てるとより効果的だ。

②

前衛は積極的にプレッシャーをかけることで、相手のミスを誘いやすくなる。

ミドルへのサービスでバックを慎重に打たせる

バックハンドが苦手なプレイヤーは、バック側を攻められたら慎重に返そうという意識が働く。そういう後衛が相手なら、レシーブをバックで打たせて強気な攻撃を阻止し、そこから始まるラリーで自分たちが先に主導権を握りたい。

速くて強いサービスが入るならそれに越したことはない。しかし、ここで大切なのは確実に入れることだ。ただし、相手がイチかバチかの強打で勝負をしてくることも考えられる。後衛と前衛、どちらがサーバーであってもしっかりケアしておこう。

③ 次のボールをしっかり攻める。甘い返球ならば、前衛がそのまま叩いてもいい。

前衛のサービス。リバースサービスでレシーバーをバックで打たせるようにする

バックで慎重に返球したボールを、サーバーの前衛は叩いていく

必勝POINT

❶ 速いサービスだけでなく、遅いサービスを織り交ぜる

❷ 甘く帰ってきたボールを先に攻めて主導権を握る

チャレンジしよう!

☐ リバースサーブなら右利きの後衛からバック側に遠ざかる軌道になる

☐ サービス後、前衛がプレッシャーをかけることで相手のミスも誘いやすい

前衛のサービスからの攻撃②

レシーブのコースを限定し
自らポイントを取りに行く

① 厳しいワイドを突いたり、相手を回り込ませたり、バックハンドを打たせるなど、サービスのコースを工夫する。

② サービス後はすばやくネットに詰めるが、相手がスイング動作に入ったらその場で止まって構える。

強弱やコースなど、サービスを工夫する

たとえば試合序盤に、相手に「自分が積極的に動くタイプである」ことをアピールしたり、相手を一気に畳みかけたい局面では、前衛がサービスを打った直後、その流れの中から自らポイントを取りに行くプレーを試みてもいいだろう。

サービスは相手の苦手なコースや、相手にとって厳しいコースに入れる。サービス直後にすばやく前に詰め、相手のレシーブをそのままポーチやスマッシュで決める。ネットダッシュの時間を稼ぐには、アンダーカットサービスも活用したい。

③ 甘いボールを見逃さない。ローボレーでも単純につなげようとせず、チャンスのときはしっかり叩きたい。

前衛のサービス。レシーバーをコート外に追いやるサービスを打つ

レシーバーがなんとか返球した甘いボールをボレーでしっかり叩く

必勝POINT

❶サービスのコースを工夫し
　打ったらすばやく詰める

❷オープンスペースを狙って
　チャンスボールを叩く

チャレンジしよう！

□やみくもにネットダッシュをせず
　相手が構えたらその場で構える

□相手前衛へのサービスは
　ワイドへの深いコースが有効

オーバーハンドサービス

フラットサービスをベースに
回転系のボールを使い分ける

POINT ❶
下半身に貯めた力を
一気に解放させながら打つ

トスの後、肩を入れ、ヒザを曲げて下半身に力を貯める。その状態から、上体の回転の力と下半身の伸び上がる力を一気に解放させて、最高点でのインパクトへとつなげていく。

POINT ❷
ラケットの振り抜き方で
スライスやリバースになる

　スライスサービスやフラットサービスは、トスから下半身に力を貯めるまでの流れはフラットサービスと同じ。ただし、スイングはスライスが小指からラケットを抜いていき、リバースは逆に親指から抜いていくイメージで振り抜く。

攻撃の幅を広げるサービスの戦術

頭上にトスを上げて、最高点でインパクトするオーバーハンドサービスは、ボールにかける回転によって、おもに3つの打ち方がある。ベースにしたいのは、ラケットをまっすぐに振り下ろすフラットサービスだ。力強い直線的な軌道を描く。

そこに、ボールに回転をかけて変化させるサービスを織り交ぜると、攻撃の幅が広がる。右利きのプレイヤーがボールの右側をこするように打つスライスサービスは左方向に、ボールの左側を打つリバースサービスは右方向に切れて行く。

トスがぶれて、毎回同じところを上げられない人は、実際は軽いボールを「重い」とイメージしながら扱うと、安定させやすい。

必勝POINT

❶ 肩を入れ、ヒザを曲げて
　下半身に力を貯める

❷ 貯めた力を解放させながら
　スイングを開始する

❸ 腕を伸ばして
　最高点でインパクトする

チャレンジしよう！

☐ トスが安定しない人は
　　重いボールをイメージしながら上げる

☐ ワイドやミドルなど、コースを
　　打ち分けて打てるようにする

☐ スライスサービスとリバースサービスを
　　相手や局面によって使い分ける

アンダーカットサービス

強烈な回転で相手のレシーブを崩し攻撃のチャンスにする

POINT ①
短くラケットを握って
大きなスイングを心掛ける

POINT ②
ミドルのコースを軸に
コースや長さに変化をつける

　アンダーカットサービスはミドルのコースに入れると、相手はレシーブの角度をつけづらくなる。しかし、そこにコースや長さ（深さ）を打ち分けたり、スピードに変化をつけられると、レシーバーの相手はさらに厄介に感じるはず。

弾みの小さいサービスで相手に攻めさせない

アンダーカットサービスは、ボールに回転をかけてできるだけバウンドを抑え、相手に高い打点からレシーブさせないことを狙ったサービスだ。とくにインドアやハードコートなどのサーフェスできちんと入れられれば、威力を発揮する。

オーバーハンドサービスと違い、スピードは重要ではない。ヒザより低い打点でラケット面に薄く当てて、ネットの少し上を通過するような低い弾道になるのが理想である。大きく弾むと、逆に相手のチャンスとなるので注意したい。

オープンスタンスで構え、ラケットは操作しやすいように短く、イースタングリップで握る。軽く持ったボールをトスし、大きなテイクバックからボールの下をこするようにインパクト。このとき、右利きならば右足に置いていた重心を、スイングと同時に左足に移していく。

必勝POINT

❶操作しやすいように
　イースタンで短く持つ

❷大きなテイクバックから
　面を薄くしてインパクト

❸ボールに強い回転をかけて
　できるだけ弾ませない

チャレンジしよう！

☐右利きならば、スイングと同時に
　右足から左足へ重心を移動させる

☐ネットすれすれの軌道で打てると
　大きく弾んでしまうリスクが減る

☐ワイドへのコースや深いコースなど
　狙うポイントを変えてみる

(content)

コツ34 レシーブ攻撃の狙いとコツ

レシーブでも守備的にならず攻撃を積極的に繰り出す

POINT ① 必要以上に前衛の存在を気にしすぎない

レシーブで攻撃できない原因の一つが、相手前衛の存在。気にしすぎると思い切ったプレーができず、どうしても後手、後手になってしまう。「数本なら取られてもいい」「触られてもそれをフォローする」という強気なメンタルを持とう。

相手のセカンドサービスはレシーバーのチャンス

「サービス側は有利、レシーブ側は不利」と考えがちだが、ソフトテニスでは硬式テニスほどの明確な差はない。レシーブだからと言って簡単につないだり、逃げるプレーばかりせず、相手のファーストサービスが入ってきても、それを跳ね返すような攻撃的な姿勢でプレーをしたい。

相手が慎重に入れてくるセカンドサービスでは、レシーバーが絶対的に有利。相手にとって嫌なコースを狙い、高い打点で振り抜く。レシーブで先手を打ち、その後のラリーを自分たちのペースで進めよう。

POINT ❷
セカンドサービスは絶好の攻撃チャンス

相手のサービスが良く、レシーブで攻撃できないときは、つなぐプレーでも仕方ないが、まずは攻めることを考える。セカンドサービスのときは絶好のチャンスだ。ボールのスピードやコースを工夫し、主導権をつかめるレシーブを打つ。

POINT ❸
相手のサービスを読めると攻撃しやすくなる

相手も先手を打とうと考え、いろいろと策を練ってくる。そこでサービスのコースやボールの回転、配球のクセなどを読めれば、サービスだけで追い込まれる場面は避けられる。それまでの試合の流れから次のプレーを先読みしよう。

必勝POINT

❶レシーブでも積極的に攻め試合の主導権を取りに行く

❷相手のセカンドサービスは絶好の攻撃チャンス

❸相手のサービスを読めると攻撃しやすくなる

チャレンジしよう！

□ファーストサービスが入っても簡単に逃げのプレーに走らない

□相手前衛に数本決められたぐらいでは動じないメンタリティを持つ

□速く強いレシーブばかりでなく、緩急をつけた打ち方で崩していく

レシーブからの攻撃〜相手後衛のサービス①〜

相手の甘いサービスは思い切って前衛アタック

① 相手のサービスが甘ければ、ストレート方向への強打で一撃で決めてしまおう。

② 高い打点からサイドパッシングや前衛にぶつけるレシーブを放つ。味方の前衛は相手にボレーされたときのためにフォロー体勢を作っておく。

前衛はバックでも流してアタックできるように

相手後衛のセカンドサービス、あるいはファーストでも甘いサービスであれば、ストレートへのサイドパスや前衛アタックで直接、ポイントを奪いに行こう。チャンスとなると力んでミスをしてしまう人が多いが、打つと決めたら相手前衛を気にせず、

高い打点から振り抜けば問題はない。

右利きの前衛が、バック側に打たれたサービスをストレート方向に流すレシーブは、やや難易度が高い。しかし、そのショットを打てれば、相手には「甘いサービスは打てない」とプレッシャーを与えられる。

相手後衛のセカンドサービスが甘いときは積極的にアタックする

高い打点からのサイドパッシングでポイントを奪いに行く

前衛はバック側に来たサービスでも、甘ければ積極的にストレートを抜いていく。

レシーブからの攻撃〜相手後衛のサービス②〜

センター攻撃を仕掛けて
相手の甘い返球を誘う

① パッシングでの布石や肩を入れたけん制で相手前衛をサイドに寄せてから、センターへのレシーブを返す。

サービス

② 相手後衛がバックハンドを苦手にしていたら、甘いボールが返ってくる可能性が高い。

角度をつけにくい相手の返球を得点に結びつける

レシーブは単純なクロスへのコースだけでなく、センターを突いてより攻撃的な姿勢を示したい。そのためにはパッシングで布石を打ったり、肩を入れてけん制し、相手前衛をサイドに張りつかせて、ポーチに出させないようにしておく。

センターに来たボールは、打つ方からすると、角度をつけて返球しにくく、また、本来の陣形を崩すことになる。とくに後衛がレシーブのときは味方の前衛はボレーに出る、あるいはスマッシュを追いかける準備に入っておこう。

③ チャンスボールを見逃さない。オープンスペースを狙い、できるだけ一撃で決めたい。

相手後衛のサービスを、相手前衛をけん制しながらセンターへレシーブする

相手後衛をバックで打たせて甘いボールを返球させ、そのボールを叩く

必勝POINT

❶ センターのコースを突くと相手は角度をつけにくい

❷ チャンスボールはオープンスペースを狙って

チャレンジしよう！

□布石を打ったり肩を入れた打ち方で相手前衛の意識をサイドに寄せる

□センターを狙ったレシーブでは相手の陣形を崩すこともできる

サーバーを回り込ませて
引っ張りをポーチする

① 相手後衛が右利きならば、レシーブは深いボールでその左足を狙う。しっかり振り抜くこと。

② 前衛は、回り込んだ相手後衛がスイングを始めた瞬間に動き出す。タイミングが早すぎると、ストレートを抜かれる危険が高まる。

前衛は早すぎないタイミングで取りに行く

サーバーである右利きの相手後衛に、フォアに回り込ませ、引っ張ってきたボールを前衛がポーチで仕留める。回り込んだ体勢からは流し打ちが難しいため、引っ張る確率が高いことを利用した戦術だ。

後衛はサーバーの左足を目がけてレシーブするといい。受ける側にとっては、バックでの処理がしにくく、フォアで打つにしても回り込まなければいけない状況を作り出せる。ポーチに出る前衛は早く動きすぎると、相手にロビングで逃げられるので、ギリギリまで待って飛び出す。

③ 躊躇せずにポーチへ。相手のオープンスペースや角度をつけたコースに確実に決めよう。

相手後衛のサービス。深いボールで相手の左足を狙うようなレシーブを返す

レシーバーが返球するタイミングを前衛は見極めながら躊躇せずにポーチに出る

必勝POINT

❶ 右利きの相手後衛の
　　左足を狙って回り込ませる

❷ 前衛は早く動きすぎると
　　空いたコースを狙われる

チャレンジしよう！

☐ レシーブをさらにセンター寄りに返すと
　　相手後衛は警戒して打ってこないことも

☐ 前衛がポーチで狙いやすいのは
　　角度をつけたコースやオープンスペース

レシーブからの攻撃〜相手後衛のサービス④〜

ロビングで逆サイドに振りバックを引っ張らせる

①

相手前衛の頭越しを狙い、ロビングでレシーブする。外に逃げるような回転で返球できると、なおよい。

サービス

②

基本ポジションより一歩攻撃的な位置に立ち、自分の左側のコースを空けて誘う。

バックを引っ張らせて前衛がボレーで仕留める

相手後衛のサービスを後衛がレシーブする場面では、レシーブを相手前衛の頭越しのロビングで返球する作戦も効果的だ。相手後衛がバックハンドを苦手にしていれば、甘いボールが返ってくる可能性が高い。前衛は確実にポイントを決めよう。

そもそもバックは引っ張る方が打ちやすい。前衛がストレートにポーチに出ると見せかければ、相手後衛はその動きに惑わされ、強引にサイドを抜いてこようとするだろう。しっかり面を作って構えていれば、抜かれることはまずない。

③
前衛は相手後衛が打つギリギリまで動かす。バックハンドを引っ張ってきたところをボレーで抑える。

相手後衛のサービス。相手前衛の頭越しを狙ったロビングでレシーブする

相手後衛のバックで引っ張った返球を、前衛はボレーで仕留める

必勝POINT

❶できるだけストロークと同じフォームでロブを打つ

❷前衛は位置取りを考えて空きスペースに打たせる

チャレンジしよう!

☐ロビングは深い位置に落とすことで相手をより多く走らせられる

☐相手後衛からは距離があるので前衛は慌てず落ち着いてプレーする

深いレシーブで押し込み
踏み込んで攻撃させない

① バックハンドで打つ場合でもしっかり振り抜いて強打する。長いボールはネットを通過するときの高さを目安にするといい。

② 鋭く長いボールをレシーブできると、相手後衛は踏み込んで打てない。コーナーあたりが狙い目だ。

相手後衛のポジションを下げて踏み込ませない

　サービスを打った後衛に対し、レシーバーの前衛は、逆クロスのコーナーいっぱいに入る深いレシーブで相手を押し込む。それなりのスピードで、ラインに乗るぐらいの深いボールを打てれば、相手後衛は下がらざるをえず、踏み込んで打ちにくいため

に簡単には攻撃できない。

　後衛の方に甘いボールが返ってきたら、オープンスペースに打ち込んだり、逆サイドへの速いロビングで後衛を走らせるなど、いろいろな攻撃を繰り出せる。前衛のレシーブから攻撃の糸口をつかもう。

③相手後衛が体勢を立て直す前に、センターを突いたり、逆サイドへのロビングなどで攻撃を繰り出す。

相手後衛のサービスを、前衛は鋭く長いボールでレシーブする

相手後衛が返すだけの返球を、後衛がセンターを狙ってアタックする

チャレンジしよう！

□深いボールはネットを通過するときの高さで調整すると打ちやすい

□相手後衛のポジションを下げたら短いボールを落とすのも有効

レシーブからの攻撃〜相手前衛のサービス①〜

ネットダッシュをしてくる
相手前衛の足元を突く

① 相手前衛はサービスの後にネットダッシュをしてくる。きちんと準備できていないスキを突こう。

サービス

② レシーブは強打でなくても構わない。浮かせずに相手前衛の足元を狙う。前衛の横にバウンドするぐらいのボールがベストだ。

ローボレーを打たせて攻撃させない

相手前衛はサービスを打ったら、ネット近くにポジションを取るべく、ダッシュを仕掛けてくる。サービスにある程度の速さがあったり、相手のフットワークに難があれば、こちらのレシーブの瞬間に前衛はまだネットに詰め切れていないはずだ。そういうときは、その前衛の足元を目がけて鋭いレシーブを返球する。

相手前衛はネットダッシュの途中で一旦止まり、ローボレーやショートバウンドでの対応をしなければならない。少なくともそこからの攻撃はしにくい。

③ 相手の甘くなった返球を前衛がボレーしたり、後衛が攻撃を仕掛けていく。

相手前衛はサービス後にネットに詰めてくる。その足元を狙ってレシーブする

相手前衛の甘くなった返球を、前衛がしっかり詰めてボレーする

必勝POINT

❶相手前衛の足元を狙って
　ボレーしにくい返球をする

❷一撃で決まらなくても
　次のプレーでとどめをさす

チャレンジしよう！

□コンパクトなスイングで
　相手前衛の足元を突く

□ネットダッシュしてくる前衛の
　すぐ横でバウンドするコースがベスト

95

レシーブからの攻撃～相手前衛のサービス②～

相手後衛への短いボールで
ネット近くにおびき寄せる

① 通常のストロークを打つそぶりを見せながら、ツイストでのレシーブに切り替える。

② ネット近くに落とし、相手後衛を前に引き出す。相手をダブルフォワードのような陣形に変えてしまう。

後衛を前に引き出しストローク力を封印する

ベースライン付近を狙ったレシーブを続けて深いボールを印象づけた後に、ツイストなどの短いショットで後衛を前に引き出すと、相手の意表をつける。後衛をうまくおびき出し、相手をダブルフォワードのような陣形に変えてしまおう。

不意を突かれて前に出た後衛は、前衛ほどのネットプレーはできない。その足元を突いたり、センターを通して相手のストロークを封印できるはずだ。ロビングで2人の頭越しを狙うのもいいだろう。1ショットずつ相手を追い詰めていきたい。

③ レシーブした後衛にぶつけたり、相手のセンターを通す。速いロビングを上げても面白い。

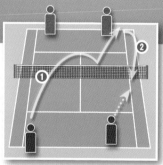

相手前衛のバックを狙ったサービスを、ネット近くに落とすツイストでレシーブする

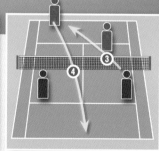

相手後衛を前に引き出したら、センターなどにアタックする

必勝POINT

❶ ツイスト気味のレシーブで
相手後衛を前に引き出す

❷ 相手の陣形を崩してから
多彩な攻撃を繰り出す

チャレンジしよう！

☐ 短いレシーブは逆回転をかけて
返球できると相手の走る距離が増える

☐ センターを突くときは
相手前衛をけん制すると効果的だ

レシーブからの攻撃〜相手前衛のサービス③〜

相手前衛を外に追い出しオープンスペースを作る

① 相手前衛はネットダッシュをしてくる。そのサイドに角度をつけたコースを狙う。スイングはコンパクトに。

サービス

② 相手前衛がネットにつく前に、できるだけ速いテンポでレシーブできると、相手は処理にしにくい。

角度をつけたレシーブで相手を動かす

前衛はサービスを打つと、すばやくダッシュしてネットにつこうとする。そのときレシーブは、サーバー側のサイドライン際を狙い、短めに角度をつけて返球してみよう。相手前衛は1歩か2歩、コート外の方向に動く必要が出てくるため、相手コートには大きなスペースができる。

そうなったらスペースに打ち込むことで、ラリーを優位に運べるだろう。相手後衛はオープンスペースをカバーしようと動くので、後衛がもともといたポジションを狙うと、逆を突くこともできる。

③相手後衛はセンターを突かれることを警戒し、右に少し動く。その後衛がもともといたコースを狙ってもいいし、センターを攻撃してもいい。

相手前衛のサービス。できるだけ速いテンポで角度をつけたレシーブを打つ

① ②

相手前衛が返したボールを、相手後衛の動きを見ながらストレートやセンターを狙う

③ ④

チャレンジしよう！

□速いテンポで仕掛けて
　相手前衛の脚を止めてしまう

□広いオープンスペースができたら
　見逃さずに思い切って攻める

トレーニングの考え方

トレーニングはカラダを鍛え心も鍛える手段だ！

ソフトテニスは技術的な要素が多いスポーツですから、練習ではできるだけたくさんボールを打つことが重要になってきます。しかし、私はその中で少しでもトレーニングのために時間を割き、自分の動きを変え、良くしていく意識を持つようにしています。全練習のうち、約2割がトレーニングに充てているというイメージでしょうか。

私のカラダは長距離走などに向いている遅筋の筋繊維が多く、ランニングなどは好きで以前は結構やっていました。ただ、現在の瞬発系のプレースタイルを始めてからは、トレーナーのアドバイスもあって、スタミナ系のトレーニングを減らし、速い動きが身につくメニューを増やす工夫をしています。

トレーニングは言うまでもなく、カラダを鍛える手段です。でも私は、それとは別に心を鍛える手段としても捉えています。きついときにもうひと頑張りできるか、あるいは少し手を抜いてしまうのか。その積み重ねが試合の大事な場面や苦しい局面で、自分を信じられたり、強い自分を引き出せたりというところにつながっていくと考えています。

PART 4

ダブルフォワードの
戦術と対策

ダブルフォワードの戦術①

アンダーカットサービスで
レシーブを浮かせて叩く

POINT ①

低い弾道でできるだけ
弾まないサービスを打つ

アンダーカットサービスは低い弾道で、相手
が返球しにくいネット近くを狙っていく。高く
弾むサービスでは攻められるので、できるだけ
弾まないようにしっかり回転をかける。

必勝POINT

❶アンダーカットサービスは
できるだけ弾ませない

❷サービスを打った後は
ネットダッシュを仕掛ける

❸レシーブが浮いてきたら
確実に得点に結びつける

チャレンジしよう！

☐できるだけ弾ませないことに加え、
ネット近くに落ちるサービスも効果的

☐やみくもなネットダッシュはせず、
相手が打つときは待球姿勢を整える

☐ボレーやスマッシュは相手の足元か、
相手のいないコースを狙う

相手に低い打点から打たせてチャンスを作る

ダブルフォワードは陣形の構造上、ネット近くでボレーやスマッシュをする機会が多い。それを確実に決めるには、サービスをアンダーカットサービスにし、相手のレシーブを浮かせるのが理想だ。

ただし、カットサーブでも高く弾むと相手に強く打ちこまれてしまう。しっかりと回転をかけ、低い弾道でできるだけネット近くに落ちるサービスをマスターしたい。サービスを打ったら素早く前に詰めるのが基本だが、相手が打つ瞬間は止まり、どこに打たれても対応できる体勢を整える。

POINT ②
サーブを打ったら
できるだけ早く前に詰める

サーブ後はすばやくネットダッシュを仕掛け、相手にプレッシャーをかける。ただし、相手が打つ体勢に入ったらその場で止まり、どこに打たれても対応できるように構える。

POINT ③
浮いてきたボールを
見逃さずに叩いて決める

良いサーブが入ったら、相手はボールを浮かせてレシーブせざるを得ない。確実に決めよう。相手が好レシーブをしてきたときは慌てず、その後の展開からチャンスを見出す。

ダブルフォワードの戦術②

バックハンド側を攻めたり ツイストなどで打点を落とさせる

POINT ❶
コースを限定させるために バックを引っ張らせる

バック側への攻撃は相手に大きなダメージを与えられる。バックハンドが苦手なプレイヤーならそのままチャンスボールが返ってくるし、そうでなくともバックは引っ張るコースに打ってくることが多いため、読みやすいからだ。

POINT ❸
一撃で決まらないときでも 焦らずに次の決定機を待つ

相手が苦しまぎれに打ってきたショットや、逃げるために上げてきたロビングは、決定的チャンス。しかし、一撃で決められない場面では、相手を動かすボレーを打ってつなぎ、粘りながら次のチャンスを待つようにしよう。

相手に低い打点から打たせてチャンスを作る

バックハンドを苦手にしているプレイヤーは多い。そこで、おもにレシーブの場面では、バック側を狙うショットが有効になる。鋭いアプローチショットで先手を打ち、相手がなんとか返球してきたボールを確実にポイントに結びつけよう。

角度をつけたツイストやネット際に落とすドロップショットなど、短く沈めるボールも威力を発揮する。低い打点で打たせれば、その返球は浮いてきやすい。レシーブゲームは後手に回りがちだが、攻撃的なプレーをすることで優位に運べる。

POINT ②
短いボールを使い
相手を前後に揺さぶる

ボレーやスマッシュを決めるためには、相手からの返球を浮かせたい。となれば、その打点を落とすのが得策。ツイストやドロップショットといった短いボールで、バウンドをできるだけ小さくし、高い打点からのショットを抑える。

必勝POINT

❶ バックハンドを打たせて
　ポイントに結びつける

❷ 短いボールで打点を下げ
　チャンスボールを作り出す

❸ ネットプレーでも
　粘ってつなぐ局面がある

チャレンジしよう！

☐ バックを流して打てる選手もいるが、
　強打は少ないので落ち着いて対応する

☐ 相手に短いボールを意識づけると
　別の場面で長いボールが効いてくる

☐ 決めるときは決め、決められないときは
　つなぐという判断を的確にする

ダブルフォワードの戦術③

2人のポジションに 前後差をつけて広く守る

POINT ①
役割分担を 明確にするため 1人が前、1人が 後ろに配置

ダブルフォワードでは、2人が前後差をつけてポジションを取る。基本的には2人が攻撃を繰り出すが、前のプレイヤーがより攻撃的に、後ろのプレイヤーが守備に気を配るというふうにそれぞれの役割分担を明確にできる。

POINT ③
ボールが飛んだ方向に詰め 相手を威圧する

いつでもコートを半分ずつ守るという考え方は間違い。ボールが飛んでいく方向に詰め、相手の打つコースを制限しようとすると、自然にどちらかのサイドに2人が集まる場面が出てくる。状況に応じたポジショニングを心がけよう。

後ろのプレイヤーが守備的役割を担う

ダブルフォワードというと、2人が前方で、ネットに対して平行に並ぶイメージを持つかもしれない。しかし、それでは相手から見て隙間ができ、攻め込まれやすい。隙間をなくすには、1人が前、もう1人が後ろと、少しの前後差をつけるといい。

こうしたポジショニングによって、相手が打つコースを防ぐ効果が生まれ、「お見合い」をしてしまうリスクも軽減できる。

また、後ろのプレイヤーが守備的な役割を担うと決めておけば、ロビングを打たれたときの対処もスムーズにいく。

NG

POINT ②
2人が横並びになると隙間ができて攻め込まれる

ネットに対して2人が平行に並ぶポジショニングはNG。相手から見たときに隙間が大きくなる上、センターのコースを狙われたら互いに譲り合ってしまう危険があるからだ。ロビングを打たれた局面でも対応が難しくなる。

必勝POINT

❶ 1人が前、1人が後ろにポジションを取る

❷ 前後差をつけることで役割分担が明確になる

❸ ボールが飛ぶ方向に詰めて相手の打つコースを制限

チャレンジしよう！

□ 前後差をつけたポジショニングで広く守れることを実感しよう

□ どちらのプレイヤーも前後両方でプレーできるように

□ ボールが飛んでいく方向に詰めていき自分たちの攻撃的な姿勢を示す

ダブルフォワードの対策①

打ちにくい足元を狙ったり
相手のポジションを下げる

POINT ①
足元への緩いボールで
相手の強打を封じる

ダブルフォワードと言っても、2人がネットにピタリと張りつくわけではなく、サービスラインあたりで構えているケースが多い。そこで相手がボレーをしづらい足元を狙っていく。それが緩いボールなら、相手は強打を打てない。

POINT ③
相手のウイークポイントを
早い段階で見極める

　背が高い選手は、高いボールの対応を得意としている場合が多いが、逆に足元のボールを苦手とするケースも少なくない。相手がどんなタイプなのかを早い段階で見極め、ウイークポイントを積極的に突くようにしよう。

本来の陣形でプレーさせないのがポイント

ネットプレイヤーに対して、ラケットが届く高さの浮いたボールは絶対に禁物。ボレーがしにくい相手の足元をついていきたい。しかもそれが、ふわりとした緩いボールならなおよい。相手は強打を打てず、浮いたボールで返球せざるを得ない。

また、相手が届かない高さであれば、ロビングも効果的だ。1人、あるいはまとめて2人のポジションを下げ、本来の陣形を崩すのが狙い。相手は再びどこかのタイミングで前に出て行こうとするが、その瞬間が相手を攻め込むチャンスになる。

POINT ❷
ロビングで後方を狙い
相手のポジションを下げる

後方のスペースも狙い目。前に出てこようとする相手を後ろに追いやり、本来のプレーをさせなくする。たとえ一本で決まらなくとも、前後の揺さぶりは体力を消耗させる効果もある。ただし、甘いロビングは禁物だ。

必勝POINT

❶相手の足元を狙って
　鋭い攻撃を未然に防ぐ

❷ロビングをうまく使い
　相手のポジションを動かす

❸ウイークポイントを
　積極的に突いていく

チャレンジしよう！

☐相手がサービスやレシーブ後の
　ネットダッシュでも足元狙いが有効

☐ロビングは相手のバックハンド側に
　上げれば簡単には強打されない

☐試合の序盤で足元を突いたり、
　ロビングで相手の様子を探ろう

ダブルフォワードの対策②

相手のカットサービスを
ドライブをかけて返球する

POINT ①
小さなテイクバックから
コンパクトなスイングをする

　サービスを打たれたらすぐにボールの質を見極め、いち早く打つポジションへ。腰を落として、テイクバックは通常のストロークより小さめに構える。スイングもコンパクトな振りを心がけ、ドライブ回転をかけて返球する。

必勝POINT

❶弾まない相手のサービスを
腰を落としてレシーブする

❷コンパクトなスイングで
ドライブ回転をかける

スライスのレシーブでは主導権を握れない

相手がカットサービスを打ってくると、どうしても慎重に返そうという意識が働き、ラケットの面を上に向けたスライスショットで返球してしまいがち。それではかえってボールが浮き、そのままボレーで叩いたり、一度落としてストロークで押し込むこともでき、相手の思うツボだ。

バウンドが小さいカットサービスをしっかり振り抜いて返すのは難しいが、できるだけドライブをかけ、ボールが弾まないようにしよう。それができない限り、ダブルフォワードの相手は攻略できない。

POINT ❷
スライスでのレシーブは浮きやすいので注意する

アンダーカットサービスを安全にレシーブしようとし、ラケット面を上に向けて押し出すスライスショットを多用する人が多い。しかし、この打ち方ではボールが浮きやすく、逆に相手に一撃で決められやすいのでオススメできない。

チャレンジしよう！

☐ サービスを打たれら、すばやくボールの軌道を予測して動く

☐ 通常のストロークに比べてテイクバックやスイングは小さめにする

☐ レシーブを返したらすぐに自分たちの陣形を整える

ダブルフォワードの対策③

センターやライン際を狙い 相手を左右に振る

POINT ❶
相手の意識をサイドか センターに寄せておく

ネット近くに2人に並ばれると、どこに打てばいいか見えにくい。しかし、相手の意識をセンターに寄せれば、サイドに隙が生まれるし、逆にサイドを意識させておけば、センターが空く。

サイド　　　　　センター　　　　サイド

POINT ❸
相手の意識がサイドなら 思い切ってセンターを突く

こちらのサイド攻撃を相手に印象づけることができたら、今度はセンターに隙が生まれる。思い切った強打で相手のお見合いを誘ったり、緩いボールで2人の間のネット際に沈め、打点を落とさせてチャンスボールを作ろう。

コートをワイドに使って的を絞らせない

2人にネット近くで立たれると威圧感を感じるが、コートを広く使って相手を左右に振っていけば、必ず突破口は開ける。その第一歩となるのが、サイドライン際を狙ったショット。一撃で決めようとせず、そこで相手を動かすのが狙いなので、強打よりは低いボールで、ローボレーを打たせる気持ちでいいだろう。

相手の意識がサイドに行った瞬間を見計らって、次はセンターに攻撃を仕掛ける。うまくいけば、相手のお見合いを誘うこともできるかもしれない。

POINT ❷
サイドを攻めるときはライン際を狙って厳しく

相手の守備の意識がセンターに集まっているときはサイドを攻めていこう。ストレートのパッシングやクロスへのショートボールが効果的。コースが甘いと相手が届いてしまうため、厳しいサイドライン際を突いていく。

必勝POINT

❶ 2人に目の前に立たれても必要以上に恐れない

❷ サイドへの攻撃はサイドライン際を狙う

❸ センターへの鋭い攻撃で相手の判断の遅れを誘う

チャレンジしよう！

□ 打つときに肩を入れて牽制すれば相手にコースを読まれにくい

□ 両サイドをワイドに使えるかどうかがダブルフォワード対策のカギを握る

□ センターを突く攻撃は相手の意識をサイドに寄せてから行う

世界から学ぶこと

勝負にこだわることは そのまま強さにつながる！

　私はもともと勝敗に固執するタイプではありませんでした。勝てれば当然うれしいけれど、それよりは自分のプレーをもっと磨きたい、ソフトテニスを仲間とプレーするのが純粋に楽しい。そんな気持ちの方が強かった気がします。日本代表になりたいという漠然とした目標はありましたが、大学日本一を決めるインカレで勝つことの方を重要視していました。でも、大学4年生のときに予選で勝ったことでナショナルチームに選ばれてから、意識が変わりました。

　変わったというより、楽しみたい、イメージ通りのプレーをしたいというそれまでの思いに、勝敗への強いこだわりが加わったというのが正確かもしれません。

　現在、ソフトテニスで世界をリードしてるのは韓国と台湾、そして日本ですが、とくに韓国人選手の勝利にかける貪欲さは、それまでの私にはないものでした。自覚も出て、勝ちへの執着心が強くなると、戦術もそれまで以上に考えるようになり、試合でも諦めない場面が増えました。ナショナルチームで数年間やらせてもらい、いま改めて振り返ると、勝負にこだわることは、そのまま強さにつながるものなのだと感じています。

PART 5

ダブル後衛の
戦術と対策

ダブル後衛の戦術①

粘りだけでなく自ら攻め
チャンスボールを決めきる

POINT ❶
自ら得点できるよう
アクションを起こす

　ダブル後衛では、雁行陣におけるポイントゲッターの役割を果たす前衛がいないため、自分たちから攻撃を仕掛けていく必要がある。粘ってつなぐだけでは、レベルが高い相手には通用しない。積極的にアクションを起こそう。

相手のミスを待っているだけでは勝てない

ベースライン付近に2人が横並びになるダブル後衛には、雁行陣においてポイントゲッターとなる前衛がいない。したがって、雁行陣の後衛以上に、自分から得点できるようなアクションを起こしていく思い切りが必要だ。粘ってつなぐ戦い方がベースにはなるものの、相手のミスを待っているだけでは高いレベルのペアに勝てない。

相手は、横並びの陣形を崩そうと、ネット際のスペースを狙ってくる局面が増える。ツイストやドロップショットなど、短いボールに対する準備を怠らないこと。

POINT ②
ダブル後衛の基本陣形はベースライン上に横に並ぶ

基本的には各プレイヤーが、コートの半分を受け持つ。相手はショートボールを多用してくることが考えられるので、いつでも前に行ける心構えを。センターに来たボールについては、あらかじめどちらが打つか決めておくといい。

POINT ③
短いボールを打たれた後はすぐに戻って陣形を整える

前方におびき出されたら、そのボールを処理した後、できるだけ早く元のポジションに帰り、本来の陣形に戻したい。すぐに戻るのが難しい場合は、ロビングなどでつなぐのがいいだろう。時間を作って、自分たちの陣形を整えたい。

必勝POINT

❶守っているだけでは厳しい
　自分たちから攻撃していく

❷アクションを起こすときは
　躊躇せずに思い切ろう

❸前におびき出されたら
　すばやく元の位置に戻る

チャレンジしよう！

☐相手の後衛を走らせたり
　前衛にぶつけたりして得点を狙う

☐相手に攻め込まれたときは無理せず、
　冷静につないで次のチャンスを待つ

☐前に出されて陣形が崩れたときは
　ロビングなどでつないで元に戻す

ダブル後衛の戦術②

後衛を前後左右に走らせ
ロビングで前衛を揺さぶる

POINT ❶
コート全体を広く使い
相手後衛を走らせる

　相手後衛を徹底して攻め、2対1の打ち合いに持ち込む。角度のあるストロークや相手前衛の頭を越すロビングで、両サイドのライン際を狙って後衛を走らせよう。また、短いボールを織り交ぜ、前後に揺さぶるのも効果的だ。

守備的にならず攻めて先手を取ろう

ダブル後衛が自らポイントを取りに行く方法としては、相手のバック側を攻めたり、短いボールを有効に使って、甘いボールを誘うのが第一。チャンスボールは見逃さず、確実に決めきろう。

相手後衛を前後左右に走らせる戦術もあ

る。2人がベースラインにポジショニングをしていれば、相手前衛のスマッシュはフォローしやすいので、ロビングは積極的に活用したい。そこで前衛がロビングを警戒して下がったら、足元を狙った強打でボレーをしづらいボールを打ち込む。

POINT ②
ショートボールは
相手に悟られないように

ツイストなど短いボールを打つときは、あからさまに打つ素振りを見せてしまうと、相手に簡単に拾われる。通常のストロークと同じようにテイクバックを行い、スイングに入る段階でツイストに切り替えると、相手に悟られない。

POINT ③
前衛に強打できない程度の
スマッシュを打たせる

ダブル後衛の場合、相手にスマッシュを打たれても、よほどの強打でない限り、フォローはそう難しくない。相手前衛がどうにか届くぐらいのロビングを上げ、あえてスマッシュを打たせて相手の陣形を崩すのも一つの策だ。

必勝POINT

❶ サイドライン際を狙い
相手後衛を左右に走らせる

❷ ショートボールを織り交ぜ
後衛を前におびき寄せる

❸ ロビングの高さを工夫し
相手前衛に強打させない

チャレンジしよう！

☐ 相手後衛を徹底して攻めることで、
2対1の打ち合いに持ち込む

☐ ネット際に短いボールを落とすときは
高い軌道で上から落とし込む

☐ 相手前衛がどうにか届くロビングは
甘くなると決められるので慎重に

ダブル後衛の戦術③

チャンスがあれば前に詰めて ネットプレーでポイントを決める

POINT ❶
自分たちが攻めて生まれた チャンスのときに前に出る

　大切なのは、前に出るか、出ないかの見極めをすばやく正確に行うこと。相手が短いボールで前に誘ってきたときは、できるだけ早く下がって元の陣形に戻すが、自分たちが攻めた結果、相手の返球が甘く短いボールが来たときにネット詰める。

POINT ❷
チャンスだと判断したら 思い切って2人で前に出てもいい

　1人が前に詰めたら、もう1人はそのスペースをカバーしながら、広く守れるポジションに移動するのが基本。ただし、決定的チャンスだと判断したら、思い切って一緒に前に出てもいい。積極的な動きが相手にはプレッシャーとなる。

「ネットに詰める」、「詰めない」の見極めを明確に

ダブル後衛だからと言って、常に2人がベースライン上にいる必要はない。ストロークなどでチャンスを作ったら、前に詰めて、甘い返球をネットプレーで決めてしまってもいい。このとき、1人だけが前に行くのがバランスが良いが、2人でともに詰めるプレーもできれば、攻撃のバリエーションは格段に増えるだろう。

たとえ決まらなくても、相手に「油断したら前に出て来られるな」と思わせると、試合を優位に運べる。行くと決めたら、できるだけ早く前に詰めよう。

ダブル後衛の対策①

狙いどころをはっきりさせ
一方のプレイヤーを攻める

POINT ①
バックハンドが苦手な
プレイヤーのバックを突く

ダブル後衛と対戦する場合、ストローク力が劣ると思われる方のプレイヤーを攻撃するのが常套手段。そして、バックハンドを苦手にしているように感じたら、徹底してバック側を突いていく。甘くなってきたボールを叩こう。

POINT ③
センターを突くショットで
相手を瞬間的に迷わせる

　2人の間のセンターに打つのも対ダブル後衛には有効だ。相手がミスをする可能性も生まれるし、どちらかが打つか一瞬でも迷わせることで高い打点から打つ機会を奪うことができる。自分たちがサイドアウトする心配もなくなる。

センターを突いて迷わせるのもセオリーだ

ダブル後衛を相手にした場合、まず意識したいのが狙いどころ。2人のうち、ストローク力が落ちる方のプレイヤーを攻めていくと、ミスを誘ったり、チャンスボールを呼び込むことができるはずだ。

また、2人の間のセンターを突くのも、対ダブル後衛でのセオリーと言える。一瞬でも「どちらが取ろうか」と迷わせれば、相手の打点が落ちる可能性があり、次のプレーで押し込める。しかも相手はセンターから打つと角度をつけにくいため、前衛がポーチに出るチャンスにもなる。

POINT ②
左側のプレイヤーを
回り込ませスペースを作る

こちらから見て、相手の左側のプレイヤーが右利きなら、そのプレイヤーの左脚を狙い、回り込ませて打たせる。そうなると、左サイドにスペースが生まれるため、次のボールで狙い、相手をコート外に追い出すことができる。

必勝POINT

❶ どこを攻めるのか、狙いを明確にしペアで共有する

❷ ストローク力が落ちる方に苦手なショットを打たせる

❸ こちらのセンター攻撃で相手に角度をつけさせない

チャレンジしよう！

□ バックハンドは引っ張りやすいので引っ張りのコースをケアしておく

□ 狙いより右側のコースに行きすぎると、回り込ませたい作戦が通用しない

□ 徹底したセンター攻撃から急にサイドに打ち込むと相手は意表を突かれる

ダブル後衛の対策②

短いボールを有効に使い 相手をネットにおびき出す

POINT ❶
相手をネットにおびき出し 本来の陣形を崩してしまう

ダブル後衛は2人がベースラインに並ぶのが基本ポジション。短いボールでネット近くにおびき寄せ、本来得意としているストローク戦に持ち込まないようにしたい。相手の陣形を崩してしまえば、自分たちが優位に展開できる。

POINT ❸
布石になるのは 深いボールで相手を下げる

ダブル後衛は最初からショートボールを警戒している。そうした相手に短いボールで勝負するには、ラリー中に深いボールを打ち、「次も深いボールだな」と思わせることが必要だ。深いボールを安定して打てるようにしておこう。

深いボールを意識づけてから短いボールを打つ

ダブル後衛の陣形を崩すには、ベースラインにいる相手を前方におびき出し、得意のストローク力を軽減させる。有効なのはショートボール。ラリー中にアクセントとしてネット近くに落とし、相手を雁行陣のような形にしてしまいたい。

ただ、ダブル後衛は基本的に短いボールに対応できる準備をしている。ショートボールを生かすには、レシーブやラリーのとき、深いボールで相手の立ち位置と意識を下げること。急に前におびき出せば、相手は不意を突かれて好返球をしにくい。

POINT ②
単に短いボールよりは
角度をつけたボールが有効

相手をより多く振り回すには、単に短いボールより角度をつけた短いボールがいい。コート外に追いやれば、元のポジションに戻るのもネットに詰めるのも時間がかかるからだ。前衛はボレーもストップボレーなどを駆使しよう。

必勝POINT

❶相手の陣形を崩すために
　ネット近くにおびき出す

❷角度をつけた短いボールは
　相手をより移動させられる

❸深いボールで相手を下げて
　短いボールで勝負する

チャレンジしよう！

□相手を雁行陣やダブルフォワードの
　陣形にしてしまえばいい

□短いボールを打つときも
　直前まで相手に素振りを見せない

□深いボールをしっかり打ててこそ
　短いボールが生きてくる

おわりに

　戦術のことを考えたり、取り組んだりすることを面倒に思い、手っ取り早い技術練習ばかりに時間を割く人が少なくありません。戦術を考え始めると世界が変わります。今までのソフトテニスとは違って見え、「こんなに簡単に点が取れるんだ」という感覚になれる場合もあります。試合で自分たちの戦術がピタッとはまったときなどは、とても気持ちよく思えるものです。

　ソフトテニスをプレーしているすべての人が、今まで以上に戦術にこだわり、そういう気持ちを味わってもらえれば、ソフトテニス界全体のレベルが上がるはずです。そして、ソフトテニスがただボールを打つだけの競技ではなく、いろいろな作戦が複雑に絡み合って、プレーする者も観る者もさらに白熱し、楽しめるようなメジャースポーツになることを願っています。

日本体育大学ソフトテニス部監督
篠原秀典

西田豊明

日本体育大学名誉教授。前ソフトテニス部監督

1948年2月6日生まれ。静岡県出身。1965年にインターハイ優勝。以後、全日本選手権優勝、アジア選手権優勝、世界選手権大会優勝など活躍。1970年に日本体育大学ソフトテニス部監督に就任。インカレや関東リーグ優勝など日本屈指のチームに育て上げる。現在は、日本体育大学名誉教授。公益財団法人日本ソフトテニス連盟参与。

篠原秀典

日本体育大学助教。日本体育大学ソフトテニス部監督

1983年5月16日生まれ。群馬県出身。日体桜友会所属。小学校3年から本格的にソフトテニスを始める。2005年の日本体育大学4年時に全日本シングルス優勝を成し遂げる。主な戦績は2006年アジア競技大会団体優勝、シングルス2位、2007年世界選手権の団体優勝、2010年アジア競技大会団体2位、ダブルス3位。2014年アジア競技大会はキャプテンとして団体2位。日本を代表するオールラウンド・トッププレーヤー。2018年4月に日本体育大学ソフトテニス部の男女の監督に就任した。

撮影モデル

松井悠馬
前衛
平成5年7月6日生

塩田顕
後衛
平成6年8月20日生

佐藤里美
前衛
平成5年6月2日生

村田匠
後衛
平成7年10月23日生

工藤浩輔
前衛
平成6年9月4日生

平山結佳
後衛
平成6年1月15日生

日本体育大学ソフトテニス部

多くの日本代表選手を輩出した名門部。男女ともインカレ日本一を目指して活動している。

練習場所 健志台キャンパスコート　神奈川県横浜市青葉区鴨志田町1221-1

STAFF
企画・編集 ■ 株式会社 多聞堂
取材・構成 ■ 小野哲史
撮影 ■ 斉藤豊
デザイン ■ 田中図案室
取材協力 ■ 日本体育大学ソフトテニス部

ソフトテニス ダブルス 必勝の戦術
試合で差がつく戦い方とテクニック

2021 年 2 月 25 日　第 1 版・第 1 刷発行

監修者　西田 豊明（にしだ とよあき）
　　　　篠原 秀典（しのはら ひでのり）
発行者　株式会社メイツユニバーサルコンテンツ
　　　　（旧社名：メイツ出版株式会社）
　　　　代表者　三渡　治
　　　　〒102-0093 東京都千代田区平河町一丁目1-8
印　刷　株式会社 厚徳社

ご意見・ご感想はホームページから承っております。
ウェブサイト　https://www.mates-publishing.co.jp/

編集長:折居かおる　副編集長:堀明研斗　企画担当:堀明研斗

※本書は2015年発行の『勝つ！ソフトテニス ダブルス 必勝の戦術』を元に加筆・修正を行っています。